도마복음,
예수의 숨겨진 가르침

홍익학당 인문학 총서 7

도마복음, 예수의 숨겨진 가르침

· 윤홍식 저 ·

봉황동래

들어가며 • 12

| **도마복음** |

1절 죽음을 맛보지 않는 비결 • 20

2절 찾는 것을 멈추지 말라 • 23

3절 그대 자신을 알라 • 27

4절 이원성을 떠나 하나가 되어라 • 30

5절 그대 면전의 것을 알라 • 32

6절 자신을 속이지 말라 • 34

7절 사람에게 먹힌 사자 • 36

8절 지혜로운 어부가 되어라 • 37

9절 씨를 뿌리는 자 • 38

10절 세상을 불태우러 왔다 • 41

11절 살아 있는 자는 죽지 않을 것이다 • 42

12절 천지의 근원이 되는 자 • 44

13절 나는 그대의 선생이 아니다 • 46

14절 그릇된 금식과 기도와 자선 • 50

15절 여자에게서 태어나지 않은 자 • 53

16절 세상에 분쟁을 주러 왔다 • 54

17절 보거나 듣거나 만질 수 없고 생각할 수도 없는 것 • 56

18절 시작이자 종말이 되는 자리 • 58

19절 영생의 비결인 불멸하는 5그루의 나무 • 60

20절 겨자씨 하나와 같은 하나님의 왕국 • 64

21절 육체의 주인이 오기 전에 영생을 얻어라 • 68

22절 영적 육체로 거듭나는 방법 • 71

서양 연금술의 요결, 에메랄드 타블렛 • 76

23절 그들은 하나로서 설 것 • 79

24절 빛은 빛의 사람 안에 있다 • 80

25절 그들을 사랑하고 보호하라 • 82

26절 먼저 그대의 눈 속의 들보를 빼버려라 • 84

27절 세상을 금식하고 하나님의 현존에 안식하라 • 86

28절 예수님께서 세상에 오신 이유 • 87

29절 육체로 인해 영이 존재하게 하라 • 89

30절 그대들은 하나님들이다 • 91

31절 고향에서 환영받지 못하는 선지자 • 93

32절 높은 언덕 위에 세워진 굳건한 도시 • 95

33절 모든 사람이 그 빛을 보게 하라 • 97

34절 장님의 길 안내 • 99

35절 먼저 힘센 자의 두 손을 결박하라 • 100

36절 무엇을 입을까 걱정하지 마라 • 101

37절 살아 계신 분의 아들 • 103

38절 누구에게서도 들을 수 없는 가르침 • 105

39절 위선자 바리새파의 죄악 • 106

40절 아버지의 현존 안에 거하라 • 108

41절 가진 자와 가지지 못한 자 • 110

42절 나그네가 되어라 • 111

43절 당신은 누구십니까 • 112

44절 성령을 모독하지 말라 • 114

45절 속마음을 선하게 하라 • 115

46절 갓난아이가 되어라 • 117

47절 두 주인을 섬길 수 없다 • 119

48절 산을 움직이는 권능 • 121

49절 하나가 되어 선택받은 자 • 123

50절 우리는 빛으로부터 왔다 • 124

51절 하나님의 왕국은 이미 왔다 • 126

52절 지금 여기 현존하는 이와 함께하라 • 128

53절 영혼의 할례가 유익하다 • 129

54절 가난한 자들이여 축복받을 것이다 • 130

55절 나처럼 십자가를 져라 • 131

56절 세상을 깨닫고 주검을 발견하라 • 133

57절 추수하는 날 뽑혀 태워질 가라지 • 135

58절 고통을 참고 생명을 찾아라 • 137

59절 살아 있는 동안 살아 계신 분을 보라 • 138

60절 살아서 영생을 얻어라 • 139

61절 나는 온전한 자리에서 온 사람이다 • 141

62절 비밀스러운 가르침 • 143

63절 우리는 내일을 기약하지 못한다 • 145

64절 아버지의 왕국에 들어가지 못하는 자들 • 146

65절 포도원의 소작인들 • 149

66절 버다 버린 돌들이 머릿돌이다 • 152

67절 먼저 너 자신을 알아라 • 154

68절 미움과 박해를 받는 자들 • 155

69절 마음속에서 박해받는 자들 • 156

70절 그대 안에 있는 것을 낳아라 • 158

71절 아무도 이 집을 다시 짓지 못할 것이다 • 159

72절 나는 나누는 자가 아니다 • 161

73절 추수할 일꾼이 부족하다 • 162

74절 우물로 곧장 뛰어들어라 • 163

75절 신부의 방에 들어가는 조건 • 164

76절 영원불변한 그분의 보물을 찾아라 • 166

77절 나는 모든 것들 위에서 빛나는 빛이다 • 168

78절 그대들은 왜 광야에 나왔는가 • 171

79절 아버지의 말씀을 따르는 자가 복되도다 • 173

80절 세상을 깨닫고 육체를 발견하라 • 175

81절 풍요로운 자가 다스릴 수 있다 • 176

82절 나에게서 멀어지는 자는 왕국에서 멀어진다 • 177

83절 아버지의 빛 안에 숨겨진 그분의 형상 • 180

84절 그대들의 영원한 형상들을 보라 • 183

85절 아담보다 그대들이 위대하다 • 184

86절 사람들의 영원한 안식처 • 185

87절 다른 육체에 의존하는 육체와 영혼은 비참하다 • 187

88절 성령을 깨달은 이가 천사들, 선지자들보다 위대하다 • 188

89절 속을 만드신 분이 바깥도 만드셨다 • 190

90절 나와 연합하여 안식을 찾아라 • 191

91절 그대들 면전에 있는 사람이 누구인가 • 192

92절 그대들은 더 이상 구하지 않는다 • 193

93절 거룩한 것을 개에게 주지 마라 • 194

94절 구하는 자는 찾을 것이다 • 195

95절 다시 돌려받지 못할 자들에게 주어라 • 196

96절 적은 누룩과 같은 성령의 불씨 • 197

97절 늘 깨어있어야 아버지의 왕국에 이를 수 있다 • 198

98절 힘이 센 사람을 죽여 아버지의 왕국에 이르라 • 199

99절 누가 나의 형제와 어머니인가 • 200

100절 나의 것은 나에게 돌려주어라 • 202

101절 참된 아버지와 참된 어머니 • 204

102절 잠자는 개와 같은 바리새인들 • 206

103절 반역자들이 도착하기 전에 미리 막아라 • 207

104절 내가 무슨 죄를 지었는가 • 209

105절 참된 부모를 모르는 창녀의 자녀 • 211

106절 아담의 자녀가 되어라 • 212

107절 잃어버린 한 마리 양이 더 간절하다 • 214

108절 내 입으로부터 마시는 자는 나처럼 될 것이다 • 216

109절 보물이 숨겨진 밭 • 219

110절 풍요로워진 자 세상을 단념하라 • 221

111절 살아 있는 분으로 말미암아 살아나라 • 222

112절 혼에도 육체에도 의지하지 말라 • 224

113절 아버지의 왕국은 지상에 널리 펼쳐져 있다 • 225

114절 마리아를 살아 있는 영이 되게 하겠다 • 227

| 마리아복음 |

마리아복음 • 230

| 부록 |

성도의 길 • 244

하나님께 바치는 기도 • 246

현존에 감사하는 기도 • 247

크리스천 실천지침 14조 • 248

기독교의 3가지 공부법 • 250

무지의 기도 • 251

무지의 기도의 핵심 • 253

예수님에게 배우는 양심의 6가지 덕목 • 256

양심잠 • 259

양심노트 • 260

들어가며

『마가복음』·『마태복음』·『누가복음』·『요한복음』은 4대 복음서로 불립니다. 그런데 1945년 이집트의 나일강 상류 나그함마디 산기슭에서 『도마복음』이 발견되자, 많은 학자들은 『도마복음』이 기존 복음들보다 더 오래되었다고 주장했습니다. 왜냐하면 『도마복음』의 내용이 『논어論語』와 같은 어록체로 기록되어 있기 때문입니다.

『도마복음』에는 다른 복음서들처럼 예수님의 행적이나 일화가 나오는 것이 아니라, 순수하게 예수님의 말씀이 쓰여 있습니다. 사건의 기술은 없는 순수한 어록인 것이지요. 그래서 이러한 기술 형식으로 볼 때, 다른 복음서의 전기적 형식보다 더 먼저 나왔을 것으로 추측되었습니다. 『도마복음』이 중요하게 여겨지는 것이 바로 이런 부분입니다. 예수님의 육성을 그대로 기록한 것으로 볼 수도 있기 때문입니다.

사실 『도마복음』 중 상당한 부분이 4대 복음서에도 비슷하게 실려 있고, 오히려 기존 복음의 내용이 『도마복음』보다 훨씬 더 급진적인 경우도 많습니다. 그런데도 왜 『도마복음』이 원자폭탄과 같은 위력을 갖는다고 보는 사람들이 많을까요? 상당한 부분이 4대 복음서와 겹침에도 불구하고, 『도마복음』은 누구나 스스로 '하나님의 왕국' 즉 '성령'을 곧장 찾아야 하며, 심판의 날을 기다리지 말고 살아 있는 동안 '영생'을 얻어야 한다는 것을 강조하고 있기 때문입니다.

물론 기존 복음서에서도 '살아서 영생에 이르는 길'을 강조하고 있습니다. "진실로 그대들에게 이르노니, 누구든지 내 말을 듣고 따르면 영원히 죽음을 맛보지 아니할 것이다." (요한복음 8:51) "내가 그대들에게 영생을 주노라." (요한복음 10:28) "나는 부활이요 생명이니, 나를 믿는 자는 죽어도 죽지 않고 살 것이다. 또 살아서 나를 믿는 자는 영원히 죽음을 맛보지 않을 것이다." (요한복음 11:25~26)

이처럼 『요한복음』에서도 '살아서 죽음을 맛보지 않는 영생'을 강조하기는 하나, '성령을 체험하는 방법'이나 '영적인 몸에 대한 가르침'을 구체적으로 제시하지는 않습니다. 사도들의 서간문도 마찬가지입니다. 심지어 사도들은 '살아서의 영생'은 포기하고, 심판의 날 '하나님과 그리스도의 은총'에 의해 이루어질 '육의 영생'에 관심을 두었습니다. 바로 이 점 때문에 『도마복음』이 탁월한 것입니다.

예수님은 『요한복음』에서 누구든지 '육의 영생'을 얻어야만 '하나님의 왕국'에 들어갈 수 있음을 강조하셨습니다. "내가 너희에게 진실을 말하노니, 누구든지 다시 태어나지 않으면, '하나님의 왕국'을 볼 수 없을 것이다. … 누구든지 '물'(성령의 에너지, ▽)과 '성령'(불, △)으로 다시 태어나지 않으면(온전한 부활, ✡), 하나님의 왕국을 볼 수 없을 것이다. 육체는 '물질의 육체'를 낳고, 성령은 '영적인 육체'를 낳는다." (요한복음 3:3~6)

"나는 하늘에서 내려온 '생명의 빵'이니, 이 빵을 먹는 자는 누구나 영생할 것이다! 내가 줄 빵은 세상의 생명을 위한 '나의 살'(성체聖體)이다." (요한복음 6:51) "내가 진실로 이르노니, '인자의 살'을 먹지 않고 '인자의 피'를 마시지 않으면, 그대들 속에 '생명'이 없을 것이다. … 내 살은 '참된 양식'이요, 내 피는 '참된 음료'이다." (요한복음 6:53~55)

사도 바울도 이러한 내용을 『고린도전서』에서 다음과 같이 인정합니다. "물질적인 육체가 있다면 영적인 육체도 있는 것입니다." (고린도전서 15:44) "살과 피를 지닌 육체로는 '하나님의 왕국'을 물려받지 못하며, 썩어서 부패하는 것으로는 썩지 않는 것을 물려받지 못합니다." (고린도전서 15:50)

그러나 바울은 이러한 '육의 영생'은 그리스도께서 재림하는 심판의 날에, '하나님과 그리스도의 은총'에 의해서 이루어질 것이라고 보았습니다. "나팔 소리가 남에 죽은 자들이 썩지 아니할 육체로 다시 살아날 것이고, 우리도 '영적인 육체'로 변화할 것입니다." (고린도전서 15:52)

그런데 예수님은 분명히 돌아가시기 전에 살아서 '육의 영생'을 이루시고 '부활체'를 얻으셨습니다. 살아서 이미 '영생'을 얻으셨던 것입니다. 그리고 이를 '변화산 사건'에서 제자들에게 분명히 나타내 보이셨습니다. "베드로와 야고보와 그의 형제 요한을 데리고 높은 산에 올라가시더니, 그들의 앞에서 변화하시어 그 얼굴이 태양과 같이 훤히 빛나며 옷이 빛과 같이 희어졌다." (마태복음 17:1~2) 이렇게 살아서 '부활체'를 완성하여 '죽음'을 맛보지 않는 것이야말로 『도마복음』의 핵심 주장입니다.

기존의 4대 복음서가 '성령에 따르는 양심적 삶'(혼의 성화)에 대한 가르침을 주로 다루었다면, 『도마복음』은 '성령의 각성'(영의 각성)과 '영생의 비결'(육의 영생)을 주로 밝히고 있습니다. 천국의 열쇠인 '영·혼·육의 거듭남'은 이 5대 복음서를 통해 온전해질 수 있습니다. 바로 이 점이 예수님께서 가신지 2,000여 년이 지난 지금, 다시 세상에 드러난 예수님의 말씀인 『도마복음』을 주목해야 하는 이유입니다.

1896년 이집트에서 발견된 『마리아복음』은 막달라 마리아의 복음서로서, 성령의 각성에 대한 실천적 가르침과 마리아에 대한 관점에 있어서 『도마복음』의 가르침과 잘 통하는 부분들이 있어, 부록으로 실었습니다.

2021년 홍익학당 대표 윤홍식

도마복음

이 글은

살아 계신 예수님께서 말씀하신

비밀스러운 가르침으로,

디두모 유다 도마가 기록한 것이다.[1]

유튜브(YouTube): 윤홍식의 도마복음 강의 1강

1 이 글을 우리에게 전한 '디두모'(Didymos)는 그리스어로 '쌍둥이'를 의미하며, '도마'(Thomas) 또한 아랍어로 '쌍둥이'를 의미한다. 즉 『도마복음』은 예수님의 쌍둥이인 도마가 예수님의 말씀을 전하는 형식을 취한 글이다. 이 사실은 다음과 같은 내용을 가리키고 있다.

이 은밀한 가르침을 그대로 닦은 자는 예수님의 온전한 쌍둥이인 '예수님의 온전한 형제'가 될 수 있다는 것이다. 예수님은 사실 '하나님의 아들' 즉 '하나님의 분신'이다. 그러니 우리가 예수님과 한 형제가 된다면, 우리도 하나님의 분신이 될 수 있다. 예수님께서는 "빛의 자녀가 되어라."(요한복음 12:36)라고 말씀하셨다. 또 "하늘에 계신 그대들의 아버지께서 완전하신 것처럼, 그대들도 완전해야 한다!"(마태복음 5:48)라고 하셨다.

"여러분은 '두려움의 노예'가 되게 하는 '성령'을 받은 것이 아니라, 여러분을 '하나님의 자녀'가 되게 하는 성령을 받았습니다. 그래서 우리가 성령의 힘으로 '아빠(Abba)! 아버지!' 하고 외치는 것입니다. '성령'께서는 친히 우리의 '영'(참나)과 함께 우리가 '하나님의 자녀'라는 것을 증언합니다. 만약 우리가 '하나님의 자녀'라면, 우리는 하나님의 상속자이기도 합니다. 우리는 하나님의 상속자로서, 그리스도와 공동의 상속자입니다." (로마서 8:15~17)

"우리도 성숙한 이들 사이에서는 '지혜의 계시'를 말합니다. 그러나 그것은 장차 사라질 이 세상의 지혜도 아니며, 이 세상의 권력자들의 지혜도 아닙니다. 우리는 감추어져 있는 '하나님의 신비로운 지혜'를 말합니다. 이는 하나님께서 세상이 생겨나기 전부터 우리의 영광을 위하여 예정해 놓으신 지혜입니다. … 하나님께서 '성령'을 통해 그것들을 우리에게 드러내 주십니다. 성령께서는 모든 것을, 하나님의 깊은 생각들까지도 통찰하십니다. 그 사람의 '영'이 아니고서 누가 그 사람의 생각들을 알 수 있겠습니까? 그러니 '하나님의 영'이 아니고서는 아무도 '하나님의 생각들'을 알 수 없습니다. 우리는 '세상의 영'이 아니라 하나님으로부터 오는 '영'(성령)을 받았습니다. 그래서 우리는 하나님께서 우리에게 아낌없이 주신 것을 명확히 이해할 수 있습니다." (고린도전서 2:6~12)

1절

죽음을 맛보지 않는 비결

그분(예수님)께서 말씀하시길 "누구든지 이 가르침의 참뜻을 깨닫는 자는 죽음을 맛보지 않게 될 것이다."라고 하셨다.[2]

---

[2] 죽음을 맛보지 않는다는 것은, 우리의 '영혼'이 '불멸하는 영적 육체'를 얻어 '영원한 하나님의 성전'이 되는 것을 말한다. 여기에서 '불멸하는 영적 육체'란 보에티우스(470?~524. 기독교의 순교 성인이자 마지막 로마 철학자 혹은 최초의 스콜라 철학자로 평가됨)가 그의 대표적 저서 『철학의 위안』에서 말하는, 신에 다가간 성인들이 지니는 '재난과 병을 겪지 않는 에테르의 몸'에 해당한다.
"물질적인 육체가 있다면 영적인 육체도 있는 것입니다." (고린도전서 15:44)
"살과 피를 지닌 육체로는 하나님의 왕국을 물려받지 못하며, 썩어서 부패하는 것으로는 썩지 않는 것을 물려받지 못합니다." (고린도전서 15:50)
"만약 땅에 있는 우리의 '장막 집'(육체)이 무너지면, 손으로 지은 것이 아닌 '하나님께서 지으신 집'(영적인 몸, 부활체) 즉 '하늘에 있는 영원한 집'이 우리에게 있는 줄을 알고 있습니다. 우리는 여기서 탄식하며 '하늘로부터 오는 우리의 처소'(부활체)로 덧입기를 간절히 사모합니다. 이렇게 옷을 입는 것은 우리는 '벗은 자들'로 발견되지 않으려 함입니다. 이 장막 집에 있는 우리가 짐을 진 것처럼 탄식하는 것은, (육체를) 벗어 버리고자 함이 아니요, 오직 (영적인 몸을) 덧입고자 함이니, 죽을 것

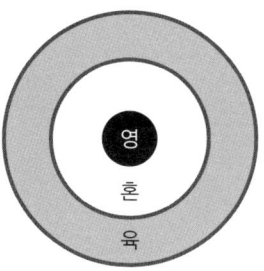

| 사멸하는 육체를 지닌 영혼 |

| 사후의 영혼 |

(육체)이 생명(영생)에 삼켜지게 하려는 것입니다. 이것을 우리에게 이루어 주시고, 이를 보증하시려고 '성령'을 우리에게 보내 주신 분은 바로 '하나님'입니다." (고린도후서 5:1~5)

"여러분이 '하나님의 성전'이며, '하나님의 영'께서 여러분 안에 머무르신다는 것을, 여러분은 모릅니까? 누구든지 하나님의 성전을 파괴하면, 하나님께서 그 사람을 파멸시키실 것입니다. 하나님의 성전은 거룩하기 때문입니다. 여러분이 하나님의 성전입니다." (고린도전서 3:16~17)

| 불멸의 육체를 지닌 영혼 |[3]

| 하나님을 모시는 성전 |[4]

---

[3] '영혼'이 '육체'와 분리되는 것이 '죽음'이며, 성령으로 거듭나서 영혼이 '물질적 육체'와 분리되더라도 '영적 육체'와 분리되지 않게 하는 것이 '영생'이다. 그러니 예수님의 가르침대로 살아서 영생을 얻으면 죽음을 맛보지 않을 수 있는 것이다.

[4] 우리의 마음(혼)과 몸(육)이야말로 하나님(영)을 모시는 성전이다. '성소의 뜰'은 '육체'와 같으며, 제사장들이 출입하는 '성소'는 '혼'과 같으며, 대제사장만이 1년에 한 번 출입하여 제사를 지내는 하나님이 계시는 '지성소'는 바로 '영'과 같다. '하나님의 영'(성령)과 하나로 통하는 이 내면의 지성소야말로 우리의 '참된 영'(참나, I AM)이다. 참된 영 안에 '하나님의 형상' 즉 '진리'(사랑의 진리)가 새겨져 있다.

"하나님은 '영靈'이시다! 그러므로 그분께 예배를 드리는 사람은 '영과 진리' 안에서 예배를 드려야 한다." (요한복음 4:24)

2절

찾는 것을 멈추지 말라

예수님께서 말씀하시길 "(천국을) 찾는 자들은 발견할 때까지 찾는 것을 멈추지 말아야 할 것이다. 그들이 발견했을 때, 혼란스럽게 될 것이다. 그들이 혼란스럽게 될 때 놀라게 될 것이며, 그들은 모든 것을 정복하게 될 것이다. 그리고 정복한 뒤에 그들은 쉬게 될 것이다."라고 하셨다.[5]

---

[5] 먼저 우리 내면에서 '참된 천국'인 '성령'(참나·영, I AM)을 되찾아야 한다. 이 '영원한 나의 현존'을 늘 체험하지 못한다면 우리의 삶은 하나님으로부터 분리된 삶이 된다. 예수님은 맹목적 '믿음'을 가르치지 않는다. 그러한 믿음은 무지를 전제하기 때문이다.
예수님은 스스로 체험하고 깨달아서 '진정한 믿음' '확신'을 얻으라고 가르친다. 살아서 확신하지 못하는 진리를 죽은 뒤에 얻기를 기다리지 말아야 한다. 살아서 깨달아야 한다. 우리의 내면에서 그토록 찾던 '천국'(성령·참나)을 발견하게 되면(칭의稱義의 경지), 우리의 '에고'는 혼란에 빠지게 되고 놀라게 된다. 그러나 우리는 '모든 것' 즉 에고가 가진 모든 악의 가능성을 정복해 나간다(성화聖化의 경지).
그리고 마침내 우리가 예수님처럼 늘 양심이 욕심을 제압하는 경지(양심 51%) 이상에 이른 뒤에야, 비로소 '성령' 안에서 '안식'을 취할 수 있다. 에고의 마음이 모두 정화되어, 성령의 뜻을 어기는 법이 없는 경지에 도달하게 되는 것이다.

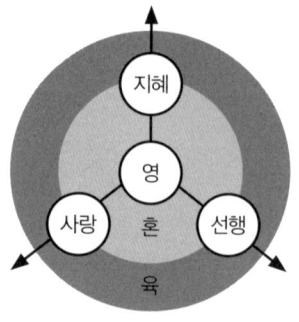

| 혼의 성화 |[6]

"그대는 내가 아버지 안에 있고, 아버지가 내 안에 계시다는 것을 믿지 못하겠는가? 내가 그대들에게 하는 말은 나로부터 나온 말이 아니다. 내 안에 살아 계시는 아버지께서 당신의 일을 하시는 것이다." (요한복음 14:10)

"나는 내 뜻이 아니라, 나를 보내신 분(하나님)의 뜻을 실천하고자 하늘에서 내려왔다." (요한복음 6:38)

"'마음'이 원하는 대로 하여도 '법도'(天命)에 어긋나는 법이 없다." (從心所欲 不踰矩, 『논어』「위정爲政」)

[6] 단순한 '영적 각성' 즉 '성령의 각성'만으로는 우리 안의 '죄'가 모두 사라지지 않는다. 오직 '원죄原罪'가 사해질 뿐이다(자신이 지은 범죄인 '본죄本罪'는 여전히 남아 있음).

"나의 '속사람'(양심, 성령으로 거듭난 영혼)으로는 '하나님의 법'을 즐거워하되, 내 몸의 다른 부분 속에서 '한 가지 다른 법'(죄의 법)이 '내 마음의 법'과 싸워 내 몸의 다른 부분 속에 있는 '죄의 법' 아래로 나를 사로잡아 오는 것을 봅니다." (로마서 7:22~23)

"'성령'에 따라 살아가십시오. 그리고 '육체'의 욕망을 채우지 마십시오. 육체의 욕망은 성령에 반대되고, 성령의 뜻은 육체에 반대되기 때문입니다." (갈라디아서 5:16~17)

"여러분이 '육체'를 따라 살면 죽을 것입니다. 그러나 '성령'을 따라서 육체의 행위를 죽이면 살 것입니다." (로마서 8:13)

"사랑하는 여러분, 우리는 이러한 약속들을 받았으니, '육체'와 '영'을 더럽히는 모든 것들로부터 우리 자신을 깨끗이 하여, 하나님에 대한 경외 안에서 온전히 거룩해집시다." (고린도후서 7:1)

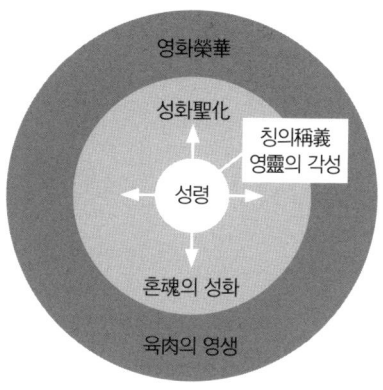

| 칭의·성화·영화 |[7]

---

7 '영육쌍전靈肉雙全'으로 영육이 온전한 자만이 하나님의 왕국에 들어가서 영원한 쾌락을 누릴 수 있다. ① 영(성령)의 각성을 바탕으로 ② 혼의 성화聖化(지혜·선행·사랑)와 ③ 육의 영생이 이루어져야만, 온전한 '영적 부활'(성령으로 거듭나서 '영·혼·육'이 온전해짐, 완덕完德)이 이루어진다.

더욱 자세히 말하면, ① 성자 그리스도에 대한 믿음을 통해 '원죄의 사함'을 받고 '성령'을 체험하며(성령 체험, 칭의稱義, 원죄에서 벗어남), ② 성령 안에 거주하여 '성령의 불'이 꺼지지 않게 되어 '하나님의 의로운 자녀'가 되며(성령 안주, 성령의 현존 안주, 칭의), ③ 성령 안에서 영적 분별력으로 '성령의 법'(진리의 말씀)을 이해하고 따르고자 소망하고 노력하며(성화聖化, 죄의 종이 되지 않고자 노력), ④ 그러한 노력을 통해 성령의 법에 안주하여 '하나님의 형상'으로 지어진 '하나님의 거룩한 자녀'가 되며(진리 안주, 성령의 진리 안주, 성화, 거룩한 영혼·열매, 새사람), ⑤ 천국의 몸인 '영적인 몸'(영원한 생명)을 얻어 '하나님의 영광스러운 자녀'가 되며(영광 안주, 성령의 생명 안주, 영화榮華), ⑥ '하나님의 형상' 그대로 살아가는 그리스도와 같은 '하나님의 온전한 자녀'로 나아간다(칭의·성화·영화의 극치, 완덕).

"그러니 우리 모두가 '하나님의 아들'(성자)에 대한 '믿음과 이해'에서 하나가 되고(칭의), 나아가 더욱 성숙해지며(성화), 마침내 '그리스도의 충만한 경지'(영화와 완덕)에 이르게 됩니다." (에베소서 4:13)

"자신의 불변의 본성을 각성하고(영의 각성) 닦아야 할 공덕을 완수한(혼의 성화·육의 영생) 사람만이 하늘나라에 올라가 영원한 행복을 누릴 수 있다." (惟性通功完者 朝永得快樂, 『삼일신고三一神誥』)

도마복음

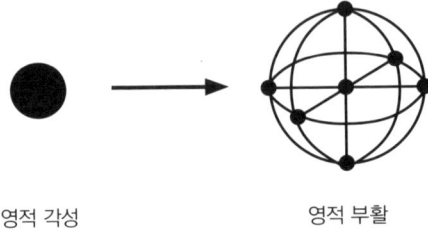

| 영적 각성과 영적 부활 |[8]

---

[8] '영적 각성'은 '칭의'를 말하며, '영적 부활'이란 '칭의·성화·영화'가 온전해지는 것을 말한다.

3절

그대 자신을 알라'

　예수님께서 말씀하시길 "만약 그대들의 지도자들이 그대들에게 말하기를, '보라! 아버지의 왕국(성령)이 하늘에 있다.'라고 한다면 하늘을 나는 새들이 그대들보다 앞설 것이다. 만약 그들이 그대들에게 말하기를, '그것이 바다에 있다.'라고 한다면 물고기들이 그대들보다 앞설 것이다. 차라리 '그 왕국'은 그대들 안에 있으며, (동시에) 그 왕국은 그대들 밖에 있다.[10]

---

9 "한번은 예수님께서 바리새인들에게 '하나님의 왕국'이 언제 오느냐는 질문을 받으셨다. 그들에게 대답하시길 '하나님의 왕국은 눈에 보이는 것들로 오지 않는다. 또한 '보라, 여기에 있다!' 거나 '저기에 있다!' 하고 말할 수도 없을 것이다. 사실 '하나님의 왕국'은 그대들 가운데 있다.'라고 하셨다." (누가복음 17:20~21)

10 밖에서 '천국'(성령)을 찾아 헤매지 마라. 안과 밖을 모두 잊어라(내외양망內外兩忘)!

그대들이 자신(영)을 알게 되면, 그대들이 알려질 것이다. 그리고 그대들이 살아 계신 아버지의 자녀임을 스스로 깨닫게 될 것이다. 그러나 만약 그대들이 자신을 알지 못한다면, 그대들은 빈곤 속에 살게 될 것이니, 그대들이 바로 빈곤이다."라고 하셨다.[11]

"큰길은 문이 없다. 그러나 모든 곳에 길이 있다. 이 관문을 통과하면, 천지를 홀로 걸을 수 있을 것이다!"(大道無門 千差有路 透得此關 乾坤獨步,『무문관無門關』)
"빽빽이 펼쳐진 온갖 형상의 그림자가 나타난 가운데, 한 알의 둥글고 밝은 그 자리(영원한 나의 현존, 성령)는 안과 밖이 없도다!"(萬象森羅 影現中 一顆圓明 非內外, 영가永嘉 현각玄覺,『증도가證道歌』)
"본성(양심의 진리, 성령의 진리)에는 본래 안과 밖이 있을 수 없다는 것을 알지 못하는 것입니다. 이미 안과 밖을 2가지 근본으로 삼는다면, 또한 어떻게 궁색하게 안정되었다고 말할 수 있겠습니까? … 차라리 둘 다 잊는 것이 낫습니다. 둘 다 잊으면 마음이 맑아져서 아무 일도 없게 됩니다. 마음에 아무런 일이 없으면 마음이 안정되며, 마음이 안정되면 광명해집니다. 마음이 광명한데 어찌 사물에 대응함이 누가 될 수가 있겠습니까?"(不知性之無內外也 旣以內外爲二本 則又烏可遽語定哉 … 不若內外之兩忘也 兩忘 則澄然無事矣 無事則定 定則明 明則尙何應物之爲累哉, 정명도程明道,『정성서定性書』)
"있는 그대로의 '본성'(영원한 나의 현존, I AM)은 본래 스스로 원만하게 이루어져 있다. '하늘·땅'보다 먼저 존재하였으며, 그 뒤로 곧장 지금 이 순간에까지 이르고 있다. 이 자리는 본래 어떠한 흠결 없이 둥글게 광명하며 10방 세계에 투철히 사무쳤으니, 안에 있는 것도 아니며 밖에 있는 것도 아니다. 또한 맑고 항상 고요한지라, 그 묘한 작용이 한없이 펼쳐진 모래와 같아 이루 다 헤아릴 수가 없도다!"(眞如之性 本自圓成 先天地而生 直至如今 合下圓明 洞徹十方無內無外 湛然常寂 妙用恒沙, 백운화상白雲和尙 경한景閑,『백운화상어록白雲和尙語錄』)

11 우리의 혼의 본체가 바로 '영'(참나)이다. '참나'(I AM)를 각성하라! '참나'는 사실 내 안에 자리하신 '하나님의 영'(성령)이시니, 우리는 '하나님의 자녀' 즉 '하나님의 분신'인 것이다.

"그때 주 하나님께서 '흙의 먼지'(육)로 사람을 빚어 만드시고, 그의 코에 '생명의 숨결'(성령, 영)을 불어넣으셨다. 그리하여 사람이 '살아 있는 혼'이 되었다. (창세기 2:7)

"만물의 아버지이신 '하나님'도 한 분이십니다. 그분은 만물 위에 계시고, 만물을 통하여 일하시고, 만물 안에 계십니다." (에베소서 4:6)

"'성령'(하나님의 영)께서 친히 우리의 '영'(참나, 혼의 근원)과 더불어 우리가 '하나님의 자녀'임을 증언하십니다." (로마서 8:16)

"우리는 모두 '하나님' 안에서 숨 쉬고 움직이고 있습니다. 이것은 어떤 사람들의 말과 같이 우리가 '하나님의 자녀'이기 때문입니다." (사도행전 17:28)

4절

이원성을 떠나 하나가 되어라[12]

예수님께서 말씀하시길 "많은 날을 살아온 노인이 태어난 지 7일이 된 어린아이[13]에게, '생명의 자리'에 대해 묻는 것을 꺼려하지 않는다면, 그는 살게 될 것이다.[14]

왜냐하면 처음 된 많은 사람들이 나중이 될 것이며, 결국 그들은 '오직 하나'가 될 것이기 때문이다."라고 하셨다.[15]

---

[12] "나중 된 이들이 먼저가 되고, 처음 된 이들이 나중이 될 것이다." (마태복음 20:16)
먼저 '영의 각성'(성령 각성, 칭의稱義)을 했다고 해서 '혼의 성화'와 '육의 부활'이 앞서라는 법이 없다. 나중에 영의 각성을 이룬 이가 성령의 뜻을 온전히 따르는 삶을 살 경우 더 먼저 천국에 들어갈 것이다.

13 "'덕德'을 두텁게 머금은 자는 '갓난아이'와 비슷하다. 벌·전갈·독사가 쏘지 않고, 사나운 짐승이 덤비지 않으며, 사나운 새가 공격하지 않는다."(含德之厚 比於赤子 蜂蠆虺蛇不螫 猛獸不據 攫鳥不搏, 『노자老子』)

"대인은 갓난아이의 마음을 잃어버리지 않는 사람이다."(大人者 不失其赤子之心者也, 『맹자孟子』「이루離婁 하」)

"대를 이어서 그대들 가운데 모든 남자는 난 지 8일 만에 할례를 받아야 한다."(창세기 17:12)

14 "7살 어린아이라도 나보다 나으면 그에게 배울 것이며, 100세 노인이라도 나보다 못하면 내가 가르쳐 줄 것이다."(조주趙州 스님의 서원)

지구상의 나이에 집착해서는 도에 이를 수 없다. 불교에서 말하는 '수자상壽者相'(나이 먹는 존재라는 상)을 버려야 한다. 모두 에고의 놀음일 뿐이다. 에고를 초월한 이가 가장 빨리 진보할 것이다.

15 '처음과 끝'이라는 것은 모두 이 현상계의 구성 요소일 뿐이다. '하나님의 왕국'에는 처음도 없고 끝도 없다. 모두 '하나'일 뿐이다. 일체의 '이원성'을 초월해야만 우리는 '순수한 나'(I AM, 영원한 나의 현존, 스스로 있는 나)로 존재하여, 구원받을 수 있다. 지금 이 순간 여기서 우리의 에고를 초월하자!

우리 모두는 본래 하나이다(自他一如)! 따라서 내가 먼저 깨달았다고 해도 결국에는 모두가 깨달아야 '하나님 아버지의 뜻'이 이루어진다. 자신이 '먼저'라는 사실에 집착한다면 바로 그 행위로 인해 곧장 뒤처지고 말 것이다. '처음'에 집착해서는 '나중'이 되고 말 것이니, '순서'에 집착해서는 안 된다. 결국에는 모두가 깨달아야 한다. 모두가 본래 하나님 안에서, 성령 안에서 '하나'이기 때문이다.

"제가 부처가 될 때, 그 나라의 사람과 천인들의 형체와 색깔이 동등하지 않고 잘나고 못남이 있다면, 저는 '부처의 깨달음'을 얻지 않겠습니다."(設我得佛 國中人天 形色不同有好醜者 不取正覺, 아미타불의 4번째 서원, 『무량수경無量壽經』)

5절

그대 면전의 것을 알라

예수님께서 말씀하시길 "그대들의 면전에 있는 것을 알아야 한다! 그러면 그대들에게 감추어진 것이 그대들에게 드러날 것이다."라고 하셨다.[16] 장차 드러나지 않도록 감추어진 것은 없기 때문이다.

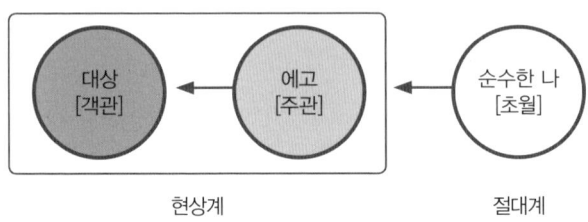

| 순수한 나(I AM) |[17]

16 여기 눈앞에 '돌멩이'가 하나 있다고 하자. 그대들의 면전에 있는 '돌멩이'는 지금 이 순간 어떻게 존재할 수 있는가? 돌멩이(객관)는 돌멩이를 알아차리는 그대의 '의식'(대상을 향한 알아차림, 주관)에 의지하여 존재한다. 그대의 의식이 없이 그대의 마음에 돌멩이가 떠오를 수 있겠는가?

또한 '의식'(주관)은 어떠한 대상도 없는 '순수한 알아차림'(순수한 나)에 의지하여 존재한다. 현상계 안에서 벌어지는 '주관과 객관'의 작용은 모두 이 '순수한 나' 즉 '하나님'(I AM, 영원한 나의 현존, 스스로 있는 나)에 의해 가능한 것이다.

주관과 객관은 모두 '시간과 공간' 안에서 움직이고 멈추면서 작용한다. 시공간 안의 모든 움직임과 고요함은 시공을 초월한 '하나님'에 의해 가능하다. 우리는 면전의 '대상'의 뿌리를 추적해 들어감으로써, 태어난 적이 없는 하나님 아버지를 만날 수 있다. 눈앞의 형상의 실체를 아는 자라야 참으로 하나님을 알 수 있는 것이다!

17 "대저 형상이 있는 것은 모두 허망하니, 만약 일체의 형상이 형상이 아님을 안다면 여래(성령, 영원한 나의 현존)를 보게 될 것이다." (凡所有相 皆是虛妄 若見諸相非相 卽見如來, 『금강경金剛經』)

"운문雲門이 대중에게 말하였다. '소리(드러난 것)를 듣다가 도(감추어진 것)를 깨닫고, 색깔을 보다가 마음을 밝히는 법이다. 관세음보살이 돈을 주고 호떡(드러난 것, 현상)을 샀는데 먹어 보니 만두(감추어진 것, 성령)였다.'" (舉 雲門示衆云 聞聲悟道 見色明心 觀世音菩薩將錢來買餬餅 放下手卻是饅頭, 『종용록從容錄』)

6절

자신을 속이지 말라[18]

그분의 제자들이 그분에게 묻고 말하기를 "당신은 우리가 '금식'하기를 원하십니까? 우리가 어떻게 '기도'를 해야 합니까? 우리가 '자선'을 베풀어야 합니까? 어떤 '식단'을 따라야 합니까?"라고 하였다.

예수님께서 말씀하시길 "거짓말하지 마라! 그대들이 싫어하는 것은 하지 마라.[19] 모든 것이 하늘의 왕국 앞에서는 밝혀지기 때문이다. 결국에는 모든 숨겨진 것은 밝혀질 것이며, 모든 감춰진 것은 드러날 것이다."라고 하셨다.[20]

18 "숨겨둔 것은 드러날 것이며, 감춰진 것은 알려질 것이다. 그대들이 어두운 곳에서 말한 것은 밝은 곳에서 들릴 것이며, 그대들이 안방에서 귀에다 속삭인 말은 지붕 위에서 선포될 것이다." (누가복음 12:2~3)

19 속으로는 진심으로 원하지 않으면서, 남에게 보이기 위해 거짓으로 하는 선행은 정죄될 것이다! 하나님 앞에서 하나도 숨기지 못할 것이다. 하나님이 알고, 자신의 양심이 알며, 남에게도 티가 나는 이런 짓을 어떻게 감출 것인가?
"그대들은 그저 '예' 할 것은 '예' 하고 '아니오' 할 것은 '아니오'라고만 하여라. 그 이상의 말은 '악惡'에서 나오는 것이다." (마태복음 5:37)
"이른바 그 생각을 정성스럽게 한다는 것은 자신을 속이지 않는 것이다. (악惡을 미워하기를) 악취를 미워하는 것처럼 진심으로 미워하고, (선善을 좋아하기를) 어여쁜 여자를 좋아하는 것처럼 진심으로 좋아해야 한다. 이처럼 스스로를 속이지 않는 것(진심으로 선善을 좋아하고 실천함)을 일러 '스스로 뿌듯해 함'(양심의 희열, 신바람)이라 이른다. 그러므로 군자는 반드시 그 '자신만 홀로 아는 자리'(속마음)를 진실하게 해야 한다." (所謂誠其意者 毋自欺也 如惡惡臭 如好好色 此之謂自謙 故君子必愼其獨也,『대학大學』)

20 "소인이 한가로이 있을 때에 악한 짓을 함에 못하는 짓이 없다가, 군자를 본 뒤에 슬그머니 그 악한 짓을 숨기고 선함을 드러낸다. 남들이 그 사람을 봄에 폐부를 다 들여다보듯 할 것이니 무슨 유익함이 있겠는가. 이것을 일러 '속마음이 정성스러우면 밖으로 형체가 나타난다.'라고 하는 것이다. 그러므로 군자는 반드시 그 '자신만 홀로 아는 자리'(속마음)를 진실하게 하는 것이다." (小人閒居爲不善 無所不至 見君子而后 厭然揜其不善 而著其善 人之視己 如見其肺肝然 則何益矣 此謂誠於中形於外 故君子必愼其獨也,『대학』)
"'도'(양심의 진리, 성령의 진리)는 잠깐이라도 떨어질 수 없으니, 떨어질 수 있다면 도가 아니다. 이런 까닭에 군자는 보이지 않는 바를 경계하고 진실하게 하며, 들리지 않는 바를 두려워한다. 숨겨진 것보다 더 잘 보이는 것은 없고, 미세한 것보다 더 잘 드러나는 것은 없다. 그러므로 군자는 그 '자신만 홀로 아는 자리'(속마음)를 진실하게 하는 것이다." (道也者 不可須臾離也 可離非道也 是故 君子 戒愼乎其所不睹 恐懼乎其所不聞 莫見乎隱 莫顯乎微 故君子愼其獨也,『중용中庸』)

7절

사람에게 먹힌 사자

예수님께서 말씀하시길 "사람에게 먹힐 '사자'는 운이 좋다. 그 사자는 사람이 될 것이다. 그리고 사자에게 먹힐 사람은 불운하다. 그 사자가 사람이 될 것이다."라고 하셨다.[21]

---

21 '사자'는 하나님과 분리된 마음인 에고의 '욕심'이다. '사람'은 하나님과 통하는 마음인 '양심'이다. 양심에게 제압된(양심 51% 이상) 욕심은 양심을 어기지 않는다. 그러나 욕심에게 제압된(욕심 51% 이상) 양심은 욕심 안에서 그 존재를 드러내지 못하게 될 것이다.

8절

지혜로운 어부가 되어라[22]

그리고 그분께서 말씀하시길 "'그 사람'[23]은 그물을 바다에 던져 작은 물고기를 가득 잡아 올리는 '지혜로운 어부'와 같다. 그 지혜로운 어부는 그 가운데서 크고 훌륭한 물고기 한 마리를 발견하고, 작은 물고기들을 모두 바다로 돌려보냈다. 그는 아주 쉽게 그 큰 물고기를 선택하였다. 여기 있는 사람들 중에 누구라도 들을 만한 귀가 있는 자는 들어라."라고 하셨다.

---

22 "'하나님의 왕국'은 바다에 그물을 던지는 어부의 경우와 같다. 그물이 가득 차면 어부는 그물을 끌어올려서, 좋은 물고기는 그릇에 담고, 나쁜 물고기는 내버린다. 세상이 끝날 때에도 그러할 것이다. 천사들이 의인들 중에서 악인들을 가려내어 불구덩이에 던져 넣을 것이다. 악인들은 그 불구덩이에서 울부짖으며 이를 갈 것이다." (마태복음 13:47~50)

23 '하나님의 왕국을 깨달은 사람' 즉 늘 '성령'(천국) 안에 거하며 '사랑의 진리'(천국의 법)를 따르는 '빛의 사람'을 말한다. 빛의 사람은 '세속의 지혜'를 넘어 '영적인 지혜'를 갖추고서 '양심의 자명·찜찜의 신호'에 따라 양심적인 것과 비양심적인 것을 식별할 수 있으며, 언제나 하나님의 뜻에 부합하는 양심적인 것을 선택할 수 있다.

9절

씨를 뿌리는 자[24]

예수님께서 말씀하시길 "보라, 씨를 뿌리는 자가 씨[25]를 한 움큼 집어 들고 나가서 뿌림에, 어떤 것들은 길 위에 떨어져 새들이 와서 먹었다. 다른 것들은 돌 위에 떨어져 흙 속에 뿌리를 내리지 못하여 결실을 맺지 못하였다.

---

24 "들어 보라! 씨를 뿌리는 자가 나가서 씨를 뿌림에, 어떤 것들은 길 위에 떨어져 새들이 와서 먹어 버렸다. 어떤 것들은 돌 위에 떨어져서, 흙이 깊지 않아서 싹이 즉시 돋아났으나, 뿌리가 없기에 해가 솟아오르자 말라 버렸다. 또 어떤 것들은 가시덤불 속에 떨어져서, 가시덤불에 막혀서 열매를 맺지 못했다. 그러나 어떤 것들은 좋은 땅에 떨어져서, 싹이 나고 자라서 열매를 맺었다. 그리하여 30배, 60배, 100배의 열매를 맺었다." (마가복음 4:3~8)

25 '씨'는 '하나님의 말씀'이니, 우리의 '하나님의 영'(성령) 안에 새겨진 '하나님의 형상' '하나님의 법' '사랑의 진리' '양심의 진리'이다. 이 진리 안에 안주하여 진리를 실천하는 것이 바로 '성화聖化'의 핵심이다.
"만약 그대들이 나의 '말씀'(사랑의 진리, 서로 사랑하라!)에 머물면, 나의 참된 제자들이 될 것이다. 그대들이 '진리'를 알면 진리가 그대들을 자유롭게 할 것이다." (요한복음 8:31~32)

또 다른 것들은 가시덤불에 떨어져 가시덤불에 막히고 벌레들에게 먹혔다. 그러나 다른 것들은 좋은 땅에 떨어져 좋은 결실을 맺어 60배, 120배가 되었다.[26]"라고 하셨다.

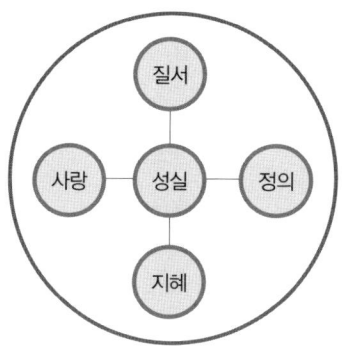

| 하나님의 형상·말씀 |[27]

"모든 더러운 것과 넘치는 악을 버리고, 그대들의 영혼을 구원할 힘을 지닌, 여러분 안에 심겨진 '말씀'(사랑의 진리)을 온유하게 받아들이십시오. 그대들은 말씀을 실천하는 자가 되어야 합니다. 말씀을 듣기만 하여 자신을 속이는 자가 되지 마십시오." (야고보서 1:21~22)
"'완전한 법' '자유의 법'(성령의 법, 복음적 율법)을 들여다보고 거기에 안주하는 자들은, 듣고 잊어버리는 자가 아니라 실천으로 옮기는 자가 됩니다. 그들은 그들의 실천으로 축복받을 것입니다." (야고보서 1:25)

26 "여러분 형제들이여, 내가 오늘까지 '양심'을 온전히 따르며 하나님을 섬겼습니다." (사도행전 23:1)
"그 '양심'을 극진히 하면 그 '본성'(양심의 진리, 하나님의 형상)을 알 수 있으니(본성의 직관), 그 본성을 아는 것은 '하나님을 아는 것'이다. 그 '양심'을 잘 보존하면(양심의 실천) 그 '본성'을 배양할 수 있으니, 그 본성을 배양하는 것은 '하나님을 섬기는 것'이다. 오래 살고 짧게 사는 것을 둘로 보지 않고 자신을 닦으면서 천수가 다하기를 기다리는 것이야말로, '하나님의 명령'을 온전히 확립하는 길이다." (盡其心者 知其性也 知其性 則知天矣 存其心 養其性 所以事天也 殀壽不貳 修身以俟之 所以立命也, 『맹자』「진심盡心 상」)

도마복음

27 유교에서 말하는 '양심의 덕목'은 『성경』의 가르침과도 상통하니, 「미가」에서는 유교의 양심의 덕목 중 더욱 핵심이 되는 '인의예지仁義禮智'의 덕목을, '하나님의 명령'(天命)이자 '인간의 길'(人道)로 명확히 밝히고 있다.

"사람들아, 주님께서는 무엇이 '선善'인지 이미 그대들에게 보여 주셨다. 주님께서 그대들에게 요구하는 것(하나님의 명령, 인간의 길)은, ① 오직 '정의正義를 행하며(의義), ② 자애로움을 사랑하고(인仁), ③ 검손한 마음으로 하나님의 뜻에 따라 살아가는 것이다(예禮·지智)." (미가 6:8)

또한 「아모스」에서는 '인간의 길'의 핵심이 유교처럼 '호선오악好善惡惡'(선을 좋아하고 악을 미워함)임을 분명히 하고 있다. 유교에서는 '하늘의 길'(天道)은 '복선화음福善禍淫'(선에 복을 주고 악에 재앙을 내림)이라고 한다.

"그대들은 '악'을 미워하고 '선'을 사랑하라!" (아모스 5:15)

그리고 「시편」에서는 유교의 양심의 덕목 중 '인의예지신仁義禮智信'의 5행의 덕목을, '하나님의 길'(天道)로 명확히 밝히고 있다. 유교의 덕목 '예禮'는 '인간의 길'의 경우에는 '겸손'(질서의 수용)이며, '하나님의 길'인 경우에는 '질서'(질서에 따른 다스림)로 파악하면 된다.

"주님, ① 당신의 확고한 '사랑'(인仁)은 하늘까지 뻗어 있으며, ② 당신의 '성실'(신信)은 구름까지 뻗어 있습니다. 주님, ③ 당신의 '정의'(의義)는 드높은 산줄기와 같으며, ④ '공정'(지智)은 깊은 바닷속과 같습니다. ⑤ 주님, 당신께서는 사람과 동물을 보호해 주십니다(예禮)." (시편 36:5~6)

"(4단四端, 즉 4가지 양심의 싹 중) ① 측은지심惻隱之心은 '사랑'(仁)이며, ② 수오지심羞惡之心은 '정의'(義)이고, ③ 공경지심恭敬之心은 '예절'(禮)이며, ④ 시비지심是非之心은 '지혜'(智)이다. '사랑·정의·예절·지혜'(仁義禮智)는 바깥으로부터 말미암아 나에게 녹아든 것이 아니다. 내가 본래부터 가지고 있던 것(양심의 진리)이나, 다만 생각하지 않았을 뿐이다. 그래서 '구하면 얻고, 내버려 두면 잃어버린다!'라고 말하는 것이다. 혹은 서로 배가 되기도 하고 다섯 배가 되기도 하여 헤아릴 수 없는 것은, 그 재능을 모두 발휘하지 못했기 때문이다." (惻隱之心 仁也 羞惡之心 義也 恭敬之心 禮也 是非之心 智也 仁義禮智 非由外鑠我也 我固有之也 弗思耳矣 故曰 求則得之 舍則失之 或相倍蓰而無算者 不能盡其才者也, 『맹자』 즉 「고자告子 상」)

"4단(양심의 4가지 싹, 측은·사양·수오·시비지심)이 나에게 있는 것을 넓히고 채워 줄(확충擴充) 줄 알면, 불이 처음 타오르며, 샘이 처음 솟아 나오는 것과 같을 것이니, 진실로 이를 채울 수 있다면 족히 4해를 보존할 것이다!" (『맹자』 「공손추公孫丑 상」)

10절

세상을 불태우러 왔다

예수님께서 말씀하시길 "나는 이 세상에 '불'을 지폈다. 보라, 나는 이 불이 타오를 때까지 잘 지킬 것이다."라고 하셨다.[28]

---

28 "나는 세상을 '불'(성령의 불)로 태우러 왔다. 그 불이 이미 밝게 타올랐다면 얼마나 좋겠는가? 내가 받아야 할 '세례'(부활의 세례)가 있으니, 그 일이 완성될 때까지 내가 얼마나 괴로울 것인가?" (누가복음 12:49~50)

11절

살아 있는 자는
죽지 않을 것이다

    예수님께서 말씀하시길 "이 하늘은 사라질 것이며, 그 위의 하늘도 사라질 것이다.[29]

    죽은 자들은 살아 있지 않을 것이며, 살아 있는 자들은 죽지 않을 것이다. 그대들이 죽은 시체를 먹던 그날들 동안, 그대들은 그것을 살아나게 하였다. 그대들이 빛 가운데 있을 때, 그대들은 무엇을 하겠는가?[30]

    그대들이 '하나'였던 그날, 그대들은 '둘'이 되었다. 그렇다면 그대들이 '둘'이 되었을 때, 그대들은 무엇을 해야 하겠는가?"라고 하셨다.[31]

29 ① 1번째 하늘은 '물질적 하늘'이다. ② 2번째 하늘은 선하지만 '성령'으로 거듭나지 못한 이들이 머무는 하늘, 즉 '중간적 하늘'이다. ③ 3번째 하늘은 성령으로 거듭나 영생을 얻은 '하나님의 자녀들'이 머무는 하늘이다. 이 하늘은 바로 '낙원'이니 '성령적 하늘'이다. 오직 성령적 하늘만이 영원하다.

"내가 그리스도 안에 있는 한 사람을 압니다. 그(바울 자신)는 14년 전에 '3번째 하늘'(성령적 하늘)에 이끌려 올라간 자입니다. (그가 몸 안에 있었는지, 몸 밖에 있었는지, 나는 알지 못합니다. 하나님만 아실 것입니다.) 나는 그런 사람을 압니다. (그가 몸 안에 있었는지, 몸 밖에 있었는지, 나는 알지 못합니다. 하나님만 아실 것입니다.) 그가 '낙원'(3번째 하늘)으로 이끌려 올라가서, 말로 표현할 수 없고 말을 해서도 안 되는 말들을 들었습니다." (고린도후서 12:2~4)

30 '성령'(빛)을 깨닫고 '성령의 에너지'(빛의 에너지)로 '영생'을 얻은 이는 결코 죽지 않는다. 그는 '빛'(성령) 안에서 '영·혼·육의 영생'을 누리게 된다. 지상의 '육체'인 '시체'를 지닌 동안에는 동질의 '죽은 시체'로 육체를 배양했다면, 성령의 빛 안에서 '빛(성령)의 몸'으로 있을 때는 동질의 '빛(성령)의 에너지'로 우리 몸을 배양해야 한다.

"내가 너희에게 진실을 말하노니, 누구든지 다시 태어나지 않으면, '하나님의 왕국'을 볼 수 없을 것이다. … 누구든지 '물'(성령의 에너지, ▽)과 '성령'(불, △)으로 다시 태어나지 않으면(온전한 부활, ✡), 하나님의 왕국을 볼 수 없을 것이다. 육체는 '물질의 육체'를 낳고, 성령은 '영적인 육체'를 낳는다." (요한복음 3:3~6)

31 우리는 본래 하나님 안에서 '하나'였으나, 분열되어 '둘'이 되었다. 그렇다면 둘이 되어 버린 우리는 무엇을 해야 하겠는가? 우리는 다시 '성령' 안에서 '하나'로 돌아가야 한다. '나와 남' '생과 사' '남성과 여성' '위와 아래' '안과 밖'의 이원성을 초월하여 하나로 돌아갈 때, '죽음'을 극복하고 '영생'을 얻을 수 있다.

12절

천지의 근원이 되는 자

제자들이 예수님께 말하길 "우리는 당신께서 우리를 떠나실 것을 압니다. 누가 우리의 지도자가 되겠습니까?"라고 하였다.

예수님께서 그들에게 말씀하시길 "그대들이 어디에 있든지, 그대들은 '의로운 사람'인 야고보에게 가야 한다. 그를 위해서 하늘과 땅이 존재한다."라고 하셨다.[32]

---

[32] 예수님의 동생으로 알려진 '의로운 사람' 야고보(예루살렘 교회의 리더)는 '성령'으로 거듭난 자이다. 그대들은 야고보처럼 되어라! 그는 천지의 본래 주인인 '하나님의 현존'(I AM, 나의 현존) 안에 머무는 사람이다. 우리도 성령을 각성하여 하나님의 현존 안에 머물게 되면, 천지가 바로 우리를 위해 존재하며 우리가 바로 천지의 뿌리임을 알게 될 것이다. 천지 또한 하나님의 작품일 뿐이기 때문이다. 이것은 어디까지나 '둘'을 버리고(천지도 둘이다!) '하나'(하나님)가 된 사람만이 가능

한 일이다.

"(천지만물이) 존재하기 전에 존재하게 된 사람은 축복받을 것이다. 만약 그대들이 나의 제자가 되고, 나의 말에 주의를 기울인다면, 이 돌들도 그대들을 섬길 것이다." (도마복음 19절)

"무엇을 '마음'이라고 하는가? 마음이란 그대들이 저마다 갖춘 것으로, '나'(I AM, 나의 현존)라고 부르기도 하고 '주인공'이라고 부르기도 한다. 24시간 언제나 우리는 '그것'에 의해 주재되며, 어느 곳에서나 우리는 '그것'에 의존해서 사물을 판단한다. 머리로 하늘을 이고 땅 위에 서는 것도 바로 '그것'이며, 바다를 등에 지고 산을 받치고 있는 것도 바로 '그것'이다." (何者爲心 心在諸人分上 喚作自己 又喚作主人公 十二時中 受他主使 一切處 聽他差排 頂天立地也是他 負海擎山也是他, 나옹화상懶翁和尙 혜근惠勤『나옹화상어록懶翁和尙語錄』)

"하늘의 본체는 '태극'(양심의 진리, 성령의 진리)에 근원하고, 만물에 흩어져서도 맥락이 바둑판처럼 질서정연하니, 그 광명함이 위대하도다. 사람의 '텅 비어 있되 신령하고 밝게 알아차리는 의식'(虛靈不昧, 영원한 나의 현존, 성령)이 비록 사방 1촌의 작은 공간에 있으나 하늘과 조금도 다르지 않다. 하늘과 사람이 서로 연결되어 있지 않다고 말하는 사람은 이 도를 아는 자가 아니다." (天之體 本於太極 散於萬物 脈絡整齊 其明大矣 然人之虛靈不昧 雖在方寸之間 然與天也斷然無毫髮之異 謂天與人不相屬者 非知斯道者也, 목은牧隱 이색李穡,『목은문고牧隱文稿』)

13절

나는 그대의
선생이 아니다[33]

예수님께서 제자들에게 이르시길 "나를 다른 것에 견주어 보라. 그리고 내가 무엇과 같은지 말해 보라."라고 하셨다.

시몬 베드로가 그분께 대답하기를 "당신은 '정의로운 사자使者'와 같습니다."라고 하였다. 마태가 그분께 대답하기를 "당신은 '지혜로운 철인哲人'과 같습니다."라고 하였다.

도마가 그분께 대답하기를 "선생님, 저의 입은 당신이 무엇과 같은지 도저히 말을 할 수가 없습니다."라고 하였다.

예수님께서 말씀하시길 "나는 그대의 '선생'이 아니다. 왜냐하면 그대는 취했는데, 그대는 내가 돌보던 '샘솟는 물'에 도취되었기 때문이

다."라고 하셨다.[34]

그리고 예수님께서 도마를 데리고 물러 나와, 그에게 3가지 말씀을 해 주셨다. 도마가 그의 동료들에게 돌아왔을 때, 그들이 그에게 묻기를 "예수님께서 그대에게 무엇을 말씀하셨는가?"라고 하였다.

---

[33] "달마 대사가 제자들에게 말하기를 '내가 떠나야 할 때가 가깝도다. 그대들은 각기 얻은 것을 말해 보라.'라고 하셨다.
문인 도부道副가 말하길 '제가 보는 바로는, 문자에 집착하지 않되 문자를 떠나지 않는 것이 도의 작용입니다.'라고 하자, 조사께서 '그대는 나의 가죽을 얻었다.'라고 하셨다.
총지摠持 비구니가 말하길 '제가 이해하는 바로는, 아난이 아촉불의 불국토를 보는 것과 같아서, 한 번 보고는 다시 보지 않습니다(불국토도 본래 공함).'라고 하자, 조사께서 '그대는 나의 살을 얻었다.'라고 하셨다.
도육道育이 말하길 '4대四大(지수화풍)가 본래 공空하고, 5온五縕(물질·느낌·생각·의지·식별)이 있지 않으니, 제가 보는 바로는 하나의 법도 얻을 것이 없습니다.' 하자, 조사께서 '그대는 나의 뼈를 얻었다.'라고 하셨다.
마지막으로 혜가慧可가 나와서 3번 절하고 제자리에 서 있으니, 조사께서 '그대는 나의 골수를 얻었다.'라고 하셨다." (『선문염송禪門拈頌』)

[34] 도마 또한 예수님을 뜨거운 쇠공으로 만든 '뜨거운 불'(하나님의 영원한 현존)에 달궈져 있다. 그러니 같은 '혼과 육'(쇠공)을 지닌 인간 예수님이 '근원적인 스승'이 아니고, '하나님의 성령'(뜨거운 불)이 바로 우리의 스승이자 아버지이며 주님이시다. 예수님을 최고의 사람인 '사람의 아들'로 만든 것도 바로 이 '성령'이시다.
"예수님께서 말씀하시길 '왜 나에게 선하다고 이르는가? 하나님 한 분을 제외하고는 아무도 선할 수 없다.'라고 하셨다." (누가복음 18:19)
"'성령'(하나님의 영)께서 곧장 예수님을 광야로 내보내셨다." (마가복음 1:12)
"예수님께서 '성령'으로 인도되어 광야로 나가셨다." (마태복음 4:1)
"예수님께서 '성령의 힘'을 지니고 갈릴리로 돌아오셨다." (누가복음 4:14)

도마가 그들에게 말하길 "만약 내가 예수님께서 해 주신 말씀들 중에 하나라도 이야기한다면, 그대들은 바위를 들어서 나를 칠 것이며, 그 바위로부터 불이 나와서 그대들을 삼켜 버릴 것이다."라고 하였다.[35]

---

[35] 예수님께서는 예수님의 마음을 가장 잘 이해하는 도마에게, 기존의 유대인식 고정관념에 빠져 있던 다른 제자들에게는 차마 말하지 못하던 '진실'을 가르쳐 주셨다. 그 3가지는 도마의 말을 통해서 볼 때, 아마도 '칭의·성화·영화'와 관련한 다음과 같은 충격적인 비밀이었을 것이다.
① 내가 "죄(원죄)를 사하노라!"라고 하였으나, 사실 그대들은 본래 원죄가 없다. 그대들은 언제나 '하나님의 영원한 현존'(I AM) 안에 머물러 왔다!
② 내가 "성령을 받아라!"라고 하였으나, 사실 그대들의 '영'이 바로 '성령'이다. 그대들이 바로 하나님들이다!
③ 내가 "심판의 날 영생을 줄 것이다!"라고 하였으나, 사실은 그대들 스스로가 성령의 힘으로 '지금 여기서' 부활을 얻어야 한다!
"내가 말하길 '너희들은 하나님들이며, 지극히 존귀한 분의 아들들이다.'라고 하였다." (시편 82:6)
"어떤 스님이 귀종歸宗 화상에게 묻기를 '무엇이 부처입니까?'라고 하였다. 귀종 화상께서 답하시길 '내가 지금 그대에게 말해 주고 싶은데, 그대가 믿지 않을까 두렵다.'라고 하셨다. 스님이 말하길 '화상의 가르침을 어찌 감히 믿지 않겠습니까?'라고 하자, 화상이 말씀하시길 '그대(나의 순수한 현존)가 바로 부처다!'라고 하셨다." (僧問歸宗和尙 如何是佛 宗云我今向汝道 恐汝不信 僧云和尙誠言 焉敢不信 師云卽汝是, 『수심결修心訣』)

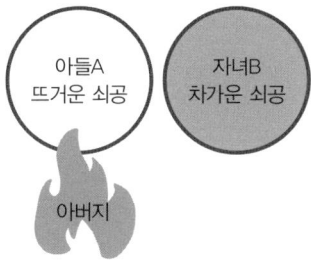

| 아버지·아들과 분리된 자녀 |

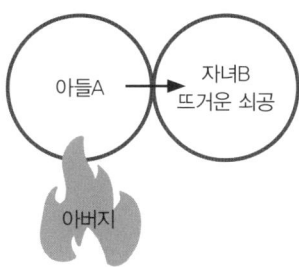

| 아들과 하나가 된 자녀 |

| 아버지와 하나가 된 자녀 |

도마복음

14절

그릇된 금식과
기도와 자선

예수님께서 그들에게 말씀하시길 "만약 그대들이 '금식'[36]을 한다면 자신에게 죄를 불러 올 것이며, 만약 그대들이 '기도'[37]를 한다면 그대들은 정죄를 받을 것이며, 만약 그대들이 '자선'[38]을 베푼다면 그대들은 그대들의 '영'을 해치게 될 것이다.[39]

그대들이 어떤 지역을 가거나 시골로 여행할 때 사람들이 그대들을 초대하면, 그들이 그대들에게 대접하는 것을 먹을 것이며, 그들 중에 아픈 사람들을 치료하라.

결국 그대들의 입으로 들어가는 것이 그대들을 더럽히지 않을 것이며, 그대들의 입에서 나오는 것이 그대들을 더럽힐 것이다."라고 하셨다.[40]

36 성령 안에서 행하지 않는 '이기적 금식'은 정죄 받을 것이고 자신의 영을 해칠 것이다!

"그대들이 '금식'(성령이 인도하는 금식)할 때는, 위선자들처럼 침통한 얼굴을 하지 마라! 그들은 그들이 금식한다는 것을 사람들에게 보이려고 그런 어두운 얼굴을 하는 것이다. 내가 그대들에게 진실을 말하노니, 그들은 이미 충분히 보상을 받았다. 금식할 때는 얼굴을 씻고 머리에 기름을 발라라. 그리하여 그대들이 금식하는 것을 남에게 드러내지 말고, 오직 그대들의 아버지에게만 보여라! 은밀한 것도 보시는 그대들의 아버지께서 그대들에게 보상해 주실 것이다." (마태복음 6:16~18)

37 성령 안에서 행하지 않는 '이기적 기도'는 정죄 받을 것이고 자신의 영을 해칠 것이다!

"또한 그대들은 '기도'(성령과 하나 되는 기도)를 할 때, 위선자들처럼 하지 마라! 그들은 사람들에게 보이려고, 회당이나 거리 어귀에 서서 기도하기를 좋아한다. 내가 그대들에게 진실을 말하노니, 그들은 이미 충분히 보상을 받았다. 그러니 그대들은 기도할 때, 그대의 방으로 가서, 문을 닫고 보이지 않는 그대들의 아버지께 기도하라! (영으로 기도하라!) 그러면 은밀한 것도 보시는 그대들의 아버지께서 그대들에게 보상해 주실 것이다. 그리고 그대들이 기도할 때, 이방인들처럼 중언부언하지 마라. 그들은 말이 많아야 아버지께 들릴 것이라고 생각한다. 그들처럼 기도하지 마라. 그대들의 아버지께서는 그대들에게 필요한 것을 그대들이 그 분께 요청하기 전에 아시느니라." (마태복음 6:5~8)

"그러므로 너희는 이렇게 기도하라!
하늘에 계신 우리 아버지!
그 이름 거룩하십니다.
당신의 '왕국'이 임하게 하시고,
당신의 '뜻'이 '하늘'에서 이루어졌듯이
'땅'에서도 이루어지게 하소서.
오늘 우리에게 일용할 양식을 주시고,
우리가 우리에게 죄를 지은 사람을 용서한 것처럼
우리의 죄를 용서하여 주소서.
우리를 '유혹'에 빠지지 않게 하시고,
오직 '악'에서 구원해 주소서." (마태복음 6:9~13)

"하나님은 '영靈'이시다! 그러므로 그분께 예배를 드리는 사람은 '영과 진리' 안에서 예배를 드려야 한다." (요한복음 4:24)

38 성령 안에서 행하지 않는 '이기적 자선'은 정죄 받을 것이고 자신의 영을 해칠 것이다!

"사람들에게 보이려고 그들 앞에서 '정의'를 행하지 않도록 주의하라! 그대들이 그렇게 한다면, 그대들은 하늘에 계신 그대들의 아버지로부터 보상을 받지 못할 것이다. 그러므로 그대들이 '자선'(성령이 인도하는 자선)을 베풀 때에는, 위선자들이 사람들에게 칭찬을 받으려고 회당과 거리에서 하듯이, 스스로 나팔을 불지 마라! 내가 그대들에게 진실을 말하노니, 그들은 이미 충분히 보상을 받았다. 그대들이 자선을 베풀 때에는 오른손이 하는 일을 왼손이 모르게 하라! 그렇게 하여 그대들의 자선을 숨겨 두어라. 그러면 은밀한 것도 보시는 그대들의 아버지께서 그대들에게 갚아 주실 것이다." (마태복음 6:1~4)

"그리고 수보리여, 보살은 응당 '법法'(5온, 6근)에 집착함이 없이 '보시'를 해야 한다. 이른바 '색깔'(色)에 집착함이 없이 보시를 해야 한다. '소리'(聲) '냄새'(香) '맛'(味) '촉감'(觸) '법칙'(法)에 집착함이 없이 보시를 해야 한다. 수보리여, 보살은 응당 이와 같이 '형상'(相)에 집착함이 없이 보시를 해야 한다. 왜 그런가? 만약 보살이 '형상'에 집착함이 없이 보시를 행하면, 그 '복덕'이 헤아릴 수 없기 때문이다." (復次 須菩提 菩薩 於法應無所住 行於布施 所謂不住色布施 不主聲香味觸去布施 須菩提 菩薩 應如是布施 不住於相 何以故 若菩薩 不住相布施 其福德 不可思量, 『금강경』)

39 '금식'과 '기도'와 '자선'을 하되, '혈육의 자녀'처럼 이기적인 욕심으로 행하지 말고, 오직 '하나님의 자녀'답게 성령 안에서 양심으로 행해야 한다. 욕심으로 이러한 행위를 하는 것은 '참된 믿음'이 아니며, 결국 '순수한 나'(I AM)인 '영'을 해칠 뿐이다. 절대로 자신을 속여서는 안 된다. '이기적인 욕심'으로 행하는 자선과 금식, 기도는 반드시 정죄 받을 것이다. 오직 성령과 하나가 된 '순수한 양심'에서 하는 행위만 그 영을 거룩하게 할 것이다.

"옛날의 학자는 자신을 위하였으나, 요즘의 학자는 남을 위한다." (古之學者爲己 今之學者爲人, 『논어』「헌문憲問」)

40 우리가 먹는 것으로 인해 우리가 더럽혀지는 것이 아니다. 우리가 속으로 품는 '생각·감정'과 그것이 밖으로 나온 '언행'이 우리를 더럽힌다.

"입에 들어가는 것(음식)이 사람을 더럽게 하는 것이 아니라, 입에서 나오는 그것이 사람을 더럽게 하는 것이다! … 그대들은 아직도 깨닫지 못했는가? 입으로 들어가는 모든 것은 배로 들어가서 뒤로 버려지는 줄을 알지 못하는가? 입에서 나오는 것들은 '마음'에서 나오나니, 이것이야말로 사람을 더럽게 한다! 마음에서 나오는 것은 악한 생각과 살인, 간음, 음란, 도적질, 거짓 증거, 훼방이니, 이런 것들이 사람을 더럽게 하는 것이지, 손을 씻지 않고 먹는 것은 사람을 더럽게 하지 못한다." (마태복음 15:11~20)

"분노, 교만, 완고, 적대, 사기, 질투, 거짓말, 자만, 저열한 이와의 교제, 이것이 비린 것이지 육식이 비린 것이 아니다." (『숫따니빠따』)

15절

여자에게서 태어나지 않은 자

예수님께서 말씀하시길 "그대들이 '여자에게서 태어나지 않은 사람'을 본다면, 그대들의 머리를 조아리고 경배하라. 바로 그 사람이 그대들의 '아버지'이시다."라고 하셨다.[41]

---

41 여자가 낳지 않은 자는 바로 '무위진인無位眞人' 즉 시공간 안에 자리가 없는 존재이다. 곧장 시공 안의 모든 생각·감정·오감에 대해 "몰라!" 하고 선언하고, 시공을 초월한 '영원한 나의 현존'(I AM)에 안주하라!
"여기에 '한 물건'(一物, 영원한 나의 현존)이 있다. 그것은 본래 밝고 신령스러운 것이기에 생겨난 적도 없으며 죽을 수도 없다. 뭐라 이름을 붙일 수도 없으며, 그 생김새를 파악할 수도 없다." (有一物於此 從本以來 昭昭靈靈 不曾生 不曾滅 名不得 狀不得, 서산대사西山大師 휴정休靜, 『선가귀감禪家龜鑑』)
"'지극한 도'(至道, 영원한 나의 현존)란 무엇인가? 그것은 깊고 밝으며 텅 빈 것으로, 미묘하고 순수하되 빛나고 신령스럽게 밝도다. 말과 그림으로 설명할 수 없고, 알음알이와 지혜로 미칠 바가 아니다. 가운데 있는 것도 아니고 바깥에 있는 것도 아니며, 10방 세계에 투철히 사무치고, 가지도 않고 오지도 않으면서, 그윽이 과거·현재·미래에 통한다." (何謂至道 淵曠沖虛 妙粹炳煥靈明 非言象之所詮 非知智之所及 非中非外 洞徹十方 無去無來 冥通三際, 『백운화상어록』)

도마복음

16절

세상에 분쟁을 주러 왔다[42]

예수님께서 말씀하시길 "사람들은 내가 세상에 '평화'를 주러 온 줄로 생각할 것이다. 그러나 그들은 내가 이 땅에 불과 검과 전쟁과 같은 '분쟁'(영적 분쟁)을 주러 왔음을 모른다.

---

[42] "나는 세상을 '불'(성령의 불)로 태우러 왔다. 그 불이 이미 밝게 타올랐다면 얼마나 좋겠는가? 내가 받아야 할 '세례'(부활의 세례)가 있으니, 그 일이 완성될 때까지 내가 얼마나 괴로울 것인가? 내가 세상에 '평화'를 주러 온 줄로 아느냐? 그렇지 않다. 나는 분쟁을 일으키려고 왔다. 이후부터 한 집에 다섯 사람이 있어 분쟁하되 셋이 둘과, 둘이 셋과 대적할 것이다. 아버지가 아들과, 아들이 아버지와, 어머니가 딸과, 딸이 어머니와, 시어머니가 며느리와, 며느리가 시어머니와 분쟁할 것이다." (누가복음 12:49~53)
"내가 세상에 '평화'를 주러 온 줄로 생각지 말라. 평화가 아니라 '검'을 주러 왔다. 내가 온 것은 아들이 아버지와, 딸이 어머니와, 며느리가 시어머니와 불화하게 하기 위해서이다. (혈육의 자녀와 하나님의 자녀의 분쟁) 사람의 원수가 자기 집안 식구가 될 것이니, 아버지나 어머니를 나보다 더 사랑하는 자는 내게 합당하지 않

한 집에 '5명'이 있음에, 3명이 2명을 대적하고, 2명이 3명과 대적할 것이다. 아버지가 아들과 대적하고, 아들이 아버지와 대적할 것이다. 그리고 그들은 '하나'가 될 것이다."라고 하셨다.[43]

고, 아들이나 딸을 나보다 더 사랑하는 자도 내게 합당치 않다. (① 영의 각성으로 하나님의 의로운 자녀가 되는 칭의稱義에 대한 가르침) 또 '자신의 십자가'(하나님의 진리, 십자가의 진리)를 지고 나를 따르지 않는 자도 내게 합당치 않다. (② 혼의 성화로 하나님의 거룩한 자녀가 되는 성화聖化에 대한 가르침) 자신의 생명(육신의 생명)을 얻으려는 자는 생명을 잃을 것이요, 나를 위하여 자신의 생명을 버리는 자는 생명(영원한 생명)을 얻을 것이다. (③ 육의 부활로 하나님의 영광스러운 자녀가 되는 영화榮華에 대한 가르침)" (마태복음 10:34~39)

[43] 우리가 예수님을 통해 '성령'(I AM)을 각성하게 되면, 안으로는 '성령의 법'을 따르는 '속사람'(양심)과 '죄의 법'을 따르는 '겉사람'(욕심)의 분쟁이 본격적으로 시작될 것이며, 밖으로는 '혈육의 자녀'와 '하나님의 자녀'의 분쟁이 본격적으로 시작될 수밖에 없다. 그러니 예수님께서는 자신이 평화를 주러 온 것이 아니라, 분쟁을 일으키러 왔다고 하신 것이다. 결국 이 영적 분쟁을 승리로 이끌어 모두의 마음에서 속사람이 겉사람을 제압하고 '성령의 법'이 승리할 때, 모두가 '하나의 성령' 안에서 안식하게 될 수 있을 것이다.

"그러므로 내가 '한 가지 법칙'을 깨달았으니, 곧 '선'을 행하기 원하는 나에게 '악'이 함께 있다는 것입니다. 나의 '속사람'(양심, 성령으로 거듭난 영혼)으로는 '하나님의 법'을 즐거워하되, 내 몸의 다른 부분 속에서 '한 가지 다른 법'(죄의 법)이 '내 마음의 법'과 싸워 내 몸의 다른 부분 속에 있는 '죄의 법' 아래로 나를 사로잡아 오는 것을 봅니다." (로마서 7:21~23)

17절

보거나 듣거나 만질 수 없고 생각할 수도 없는 것

예수님께서 말씀하시길 "나는 그대들에게 어떤 '눈'도 본 적이 없고, 어떤 '귀'도 들은 적이 없고, 어떤 '손'도 만진 적이 없으며, '인간의 마음'에 한 번도 나타난 적이 없던 것을 줄 것이다."라고 하셨다.[44]

---

[44] "어떠한 눈도 보지 못하고, 어떠한 귀도 듣지 못하고, 어떠한 사람의 마음에도 의식에도 그려진 적이 없는 것들을, 하나님께서 당신을 사랑하는 이들을 위하여 준비해 두셨습니다." (고린도전서 2:9)
"보려고 해도 보이지 않으니 '이夷'(평평함)라 하고, 들으려고 해도 들리지 않으니 '희希'(희미함)라 하고, 잡으려고 해도 잡히지 않으니 '미微'(미세함)라 한다. 이 셋은 우리가 따져 볼 수 있는 것이 아니니, '혼연한 하나'인 것이다." (視之不見 名曰夷 聽之不聞 名曰希 搏之不得 名曰微 此三者 不可致詰 故混而爲一, 『노자』)
"공자께서 말씀하셨다. '하나님의 덕'은 성대하구나. 보고자 하여도 보이지 않으며 들으려 하여도 들리지 않되, 사물의 본체本體가 되어 빠뜨릴 수 없다." (子曰 鬼神之爲德 其盛矣乎 視之而弗見 聽之而弗聞 體物而不可遺, 『중용』)

"팔·다리와 몸뚱이를 잊고, 총명함을 버리고, 형체를 떠나고 앎을 떠나서, 크게 통함에 하나가 되는 것, 이것을 '좌망'이라고 한다."(墮肢體 黜聰明 離形去知 同於大通 此謂坐忘, 『장자莊子』「대종사大宗師」)

"온몸은 차치하고, 갑자기 눈이 없어진다면 어떻게 볼 것이며, 갑자기 귀가 없어진다면 어떻게 들을 것이며, 갑자기 입이 없어지면 어떻게 말할 것이며, 갑자기 마음이 없어진다면 어떻게 비춰 볼 수 있겠는가? 만약 이러한 속에서도 '그것'(영원한 나의 현존, 성령)을 명확히 알아낼 수 있는 이가 있다면, 그는 옛 부처님들과 함께 자리할 수 있을 것이다. 자 말해 보라! 부처님들과 함께 자리한 '그 사람'은 어떤 사람인가?"(釋迦老子 初生下時 一手指天 一手指地 云天上天下 唯我獨尊 是獨尊獨貴底面目 雖是通身眼見不得 通身是耳聞不得 通身是口說不得 通身是心鑑不出 通身且置 忽若無眼作麼見 無耳作麼聞 無口作麼說 無心作麼鑑 若向這裏辨得出 便與古佛同參 且道紊箇什麼人, 『백운화상어록』)

18절

시작이자
종말이 되는 자리

　제자들이 예수님께 묻기를 "저희에게 말씀해 주십시오. 우리의 '종말'은 어떻게 오겠습니까?"라고 하였다.

　예수님께서 말씀하시길 "그대들은 '시작'을 발견하고서 '종말'을 찾는 것인가? 그대들은 보라! 시작이 있는 곳에 종말이 있다. '시작'에 머무르는 자는 축복받을 것이다. 그가 종말을 알 것이며, 죽음을 맛보지 않을 것이다."라고 하셨다.

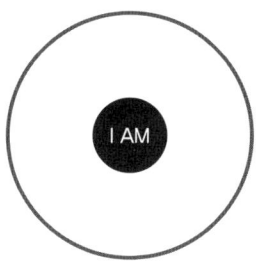

| 알파와 오메가인 '나의 현존' |[45]

45 나온 자리가 돌아갈 자리이다. 생각·감정·오감이 나온 '그 자리'에 안주하라! 그 자리가 바로 온 우주의 씨알이 되는 '성령'(하나님의 영원한 현존, I AM)이니, 우리 내면의 '참나'(영원한 나의 현존)이다. 이 자리가 알파와 오메가가 되는 자리이고 시작과 종말의 근원이 되는 자리이다. 그 자리(성령·참나)에 안주하는 자는 '영생'을 얻어 죽음을 체험하지 않을 것이다.
"나는 스스로 현존하는 나이다!"(I Am That I Am, 출애굽기 3:14)
"지금 존재하시며, 과거에도 존재하셨고, 장차 존재하실, 전능하신 주 하나님께서 '나는 알파이자 오메가이다!'(시공을 초월하여 존재하시며, 늘 영원으로 존재하시기에, 모든 시간의 시작이자 끝이 되시는 하나님)라고 말씀하셨다." (요한계시록 1:8)
"여기 '한 물건'(영원한 나의 현존, 성령)이 있습니다. 그것은 광명하고 또렷하여, 어떠한 행위도 없고 이기심도 없으며, 고요하여 움직이지 않으나 크게 신령한 지혜를 갖추고 있습니다. 본래 태어남도 죽음도 없으니, 또한 분별도 없고, 또한 이름이나 모양도 없으며, 또한 말로 설명할 수도 없는 것입니다. 허공을 모두 삼키고, 하늘·땅을 모두 덮었으며, 소리·빛깔을 모두 덮었습니다." (有一物 明明歷歷 無爲無私 寂然不動 有大靈知 本無生死 亦無分別 亦無名相 亦無言設 呑盡虛空 盖盡天地 盖盡色聲, 태고태고 보우普愚, 『태고집太古集』)

19절

영생의 비결인 불멸하는 5그루의 나무

예수님께서 말씀하시길 "(천지만물이) 존재하기 전에 존재하게 된 사람은 축복받을 것이다. 만약 그대들이 나의 제자가 되고, 나의 말에 주의를 기울인다면, 이 돌들도 그대들을 섬길 것이다.[46]

그대들을 위해 준비된 낙원에는 '5그루의 나무들'(생명의 나무)이 있는데, 그것들은 여름이나 겨울에 변하지 않으며, 그것들의 잎사귀는 떨어지지 않는다. 그것들을 아는 자는 누구든지 죽음을 맛보지 않을 것이다.[47]"라고 하셨다.

46 '존재하기 전에 존재하게 된 자' '태어난 적이 없는 자' '여자가 낳지 않은 자'는 우리의 시공을 초월한 현존의 자리를 말한다. 하나님께서 모세에게 전한 "나는 스스로 현존하는 나이다!"(출애굽기 3:14) 하는 자리가 바로 이 자리를 말한 것이다.
만약 우리가 마음에서 모든 것을 내려놓고 우리의 마음을 "오직 존재할 뿐!"인 자리에 안주할 수 있다면, 우리는 '하나님의 영원한 현존'(I AM)을 체험할 수 있게 된다. 사실 하나님(참나)의 현존에 안주하는 것이 진정한 '영과 진리의 기도'이다. 하나님에게 이것을 달라, 저것을 달라 하고 외치는 기도는 '에고'의 울부짖음일 뿐이다.
"유대인들이 예수님께 말하길 '그대는 아직 50살도 되지 않았는데 아브라함을 보았단 말인가?'라고 하였다. 그러자 예수님께서 대답하시길 '진실로, 진실로, 내가 그대들에게 이르노니, 아브라함 이전에 나는 현존했다(I AM)!'라고 하셨다." (요한복음 8:57~58)
"그대는 스스로에게 '어떤 것이 부모가 낳기 전의 '본래 모습'(영원한 나의 현존)인가?'라고 물어 보아야 한다. 이 한 소리를 듣고 곧장 깨치면 그뿐이다. 그러나 만약 그렇지 못하거든 걷거나, 머무르거나, 앉거나, 눕는 24시간 내내 (이 의문에 몰입하여) 마음 마음이 어지럽지 않게 하고, 생각 생각이 끊어지지 않고 이어지게 하여, 닭이 알을 품듯이, 고양이가 쥐구멍을 노려보듯이 하면, 빠르면 3일 늦어도 7일 안에는 반드시 뭔가 분명하게 감응하는 것이 있을 것이다. 이것이 그대가 빠르게 곧장 깨닫는 단서가 될 것이다." (公自問云 那箇是父母未生前 本來面目 才擧起一聲 便了則已 不然則行住坐臥之際 十二時中 心心不昧 念念相續 如鷄抱卵 如猫捕鼠相似 便直下如此 不過三日乃至七日之內 必有相應分 此路正是先生徑直發明之端也, 『태고집』)
"대저 이 현묘한 법문을 참구하는 이는 항상 '반조返照(회광반조回光返照, '나는 누구인가?' 하고 참나를 찾는 공부)에 힘써야 한다. 연구하는 마음을 또랑또랑하게 하고 세밀하게 하되 끊어지지 않게 해야 한다. 이러한 연구가 지극히 간절해지면, 마음을 쓰지 않고도 연구가 진행되는 경지에 이르게 될 것이다. 이때 문득 '마음길'(생각의 길)이 끊어지면서 자신의 '본래 생명'(영원한 나의 현존, 성령) 자리를 실제로 체험하게 된다." (夫參此玄門者 常務返照 究之用心 惺密無間斷 究之至切 至於無用心可究之地 驀然心路忽絕 踏着本命, 『경허집鏡虛集』)

47 "승리하는 자에게는 내가 하나님의 낙원에 있는 '생명나무의 열매'를 먹게 해 줄 것이다." (요한계시록 2:7)
대승불교의 경전 『법화경法華經』에서는 부처님의 '무량한 수명' 즉 '영생'을 강조한다.
"만약 어떤 사람이 부처님의 수명이 무량하다는 말을 듣고 그 뜻을 알아차리기만 해도, 그 사람이 얻는 공덕은 무한하여, 능히 여래의 최고의 지혜를 얻을 수 있다." (『법화경』「분별공덕품分別功德品」)

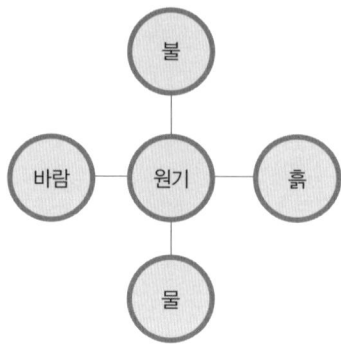

| 5그루의 생명의 나무, 5원소 |[48]

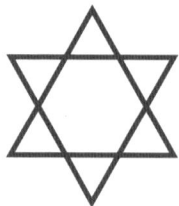

| 영생의 결정체 |[49]

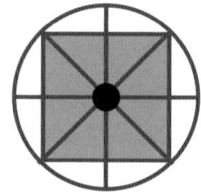

| 만다라曼陀羅(mandala) |[50]

48 5가지 생명의 원소 :
　① 차갑고 습한 '물' ② 뜨겁고 습한 '바람'
　③ 뜨겁고 건조한 '불' ④ 차갑고 건조한 '흙'
　⑤ 나머지 4원소의 뿌리가 되는 어떠한 특성도 지니지 않은 '순수 에너지'인 '원기 元氣'(성령의 에너지)

49 머리의 '불'(△, 양적 에너지, 남성)과 아랫배의 '물'(▽, 음적 에너지, 여성)이 결합하면(✡), 단단한 땅(□)이 이루어지고, 이를 부드러운 바람(○)이 안팎으로 감싼다. 이렇게 4원소를 얻으면 마지막 5원소인 '순수 에너지'(⊙, 원기, 성령의 에너지)를 얻을 수 있다. 이 '성령의 에너지'(▽)가 온전히 '성령'(△)과 결합하면, 연금술에서 말하는 '현자의 돌'이라고 부르는 '영생의 결정체'(✡, 영적 수정란)가 이루어지고, 갓난아이로 거듭나서 불멸하는 5가지 원소들을 원만하게 갖춘 낙원(천국)의 몸인 '부활체'(영적 육체)를 얻게 된다. 즉 '성령'(△)이 '불멸하는 5그루의 나무'(▽)를 얻으면 '불사의 영적 육체'가 이루어지는 것이다(영화榮華의 성취).
"내가 너희에게 진실을 말하노니, 누구든지 다시 태어나지 않으면, '하나님의 왕국'을 볼 수 없을 것이다. … 누구든지 '물'(성령의 에너지, ▽)과 '성령'(불, △)으로 다시 태어나지 않으면(온전한 부활, ✡), 하나님의 왕국을 볼 수 없을 것이다. 육체는 '물질의 육체'를 낳고, 성령은 '영적인 육체'를 낳는다." (요한복음 3:3~6)

50 불교의 만다라는 '불성'(⊙, 참나, 참나 에너지)이 '地□·水▽·火△·風○'의 영적인 몸을 모두 갖춘 모습을 말하니, '윤원구족輪圓具足'(만법을 원만하게 갖춘 진리의 수레바퀴)이라고 부른다. '참나'(성령)가 불멸의 5그루의 나무(5원소)를 두루 갖추고 '영적 육체'(부활체)를 이룬 것을 말한다.

20절

겨자씨 하나와 같은 하나님의 왕국

제자들이 예수님께 묻기를 "저희에게 말씀해 주십시오. '하나님의 왕국'은 무엇과 같습니까?"라고 하였다.

그분께서 그들에게 말씀하시길 "그것은 겨자씨 하나와 같아서, 모든 씨들 중에 가장 작다. 그러나 그것이 준비된 땅에 떨어지면 큰 나무가 되어, 하늘을 나는 새들의 보금자리가 된다."라고 하셨다.[51]

---

51 '겨자씨'는 아주 작은 씨알이지만 엄청난 생명력을 가지고 뻗어 나가는 존재를 말한다. 이는 우리 존재의 핵심이 되는 '씨알'(성령)을 뜻하니, 온 우주의 근원이 되는 자리이다. 이 '성령'(본질의 천국)을 각성하고(칭의稱義) '성령의 진리'대로 살아가는(성화聖化) 이는 지상에서 '천국'(현상의 천국)을 개척하게 될 것이며(자리自利), 나아가 온 인류에게 '성령의 세례'를 주고 거룩한 진리 안에 안주하도록 인도하여 천국을 확장시킬 것이다(이타利他).

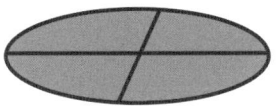

| 성령, 하나님의 왕국 |[52]

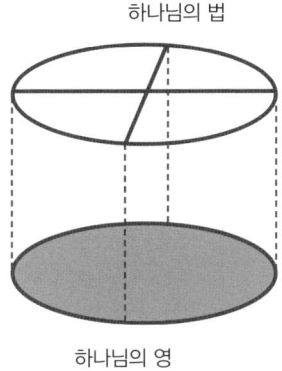

| 하나님의 영과 법 |

---

52 '하나님의 왕국'은 하나님의 주권과 말씀(법·진리)이 온전히 구현되는 자리이니, 근원적으로는 우리 내면의 '성령'이 바로 천국(본질의 천국)이다. 마찬가지로 '성령의 진리'가 구현된 모든 곳(마음·몸·세계)도 또한 천국(현상의 천국)이 된다. 이를 종합하여 말하면, 천국은 '성령의 진리가 구현된 영혼육의 세계'이다.

"하나님의 왕국은 눈에 보이는 것들로 오지 않는다. 또한 '보라, 여기에 있다!' 거나 '저기에 있다!' 하고 말할 수도 없을 것이다. 사실 '하나님의 왕국'(본질의 천국)은 그대들 가운데 있다." (누가복음 17:20~21)

"그러므로 너희는 이렇게 기도하라! 하늘에 계신 우리 아버지! 그 이름 거룩하십니다. 당신의 '왕국'이 임하게 하시고, 당신의 '뜻'이 '하늘'에서 이루어졌듯이 '땅'에서도 이루어지게 하소서(현상의 천국)." (마태복음 6:9~10)

도마복음

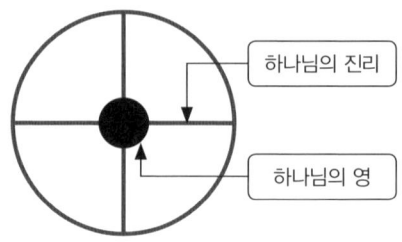

| 성령, 진리의 영 |

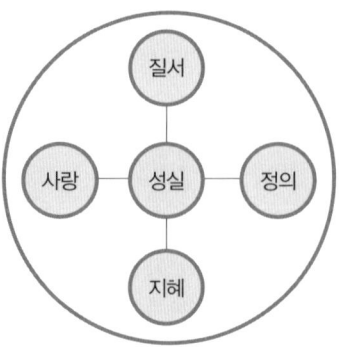

| 하나님의 형상·말씀 |

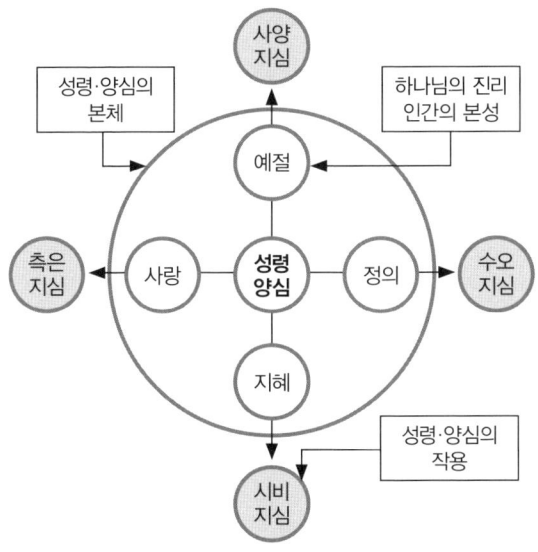

| 성령·양심의 본체와 작용 |[53]

---

53 "'마음'(心, 양심)은 사람의 '신명神明'(사람 안에 거하는 성령)이니, 모든 원리를 갖추고 온갖 일에 대응하는 것이다. '본성'(性, 사랑·정의·예절·지혜·성실의 양심의 진리, 성령의 진리)은 마음이 갖추고 있는 원리이다. '하늘'(天, 성부)은 또한 '양심의 진리'(하나님의 형상)가 나온 자리이다." (心者 人之神明 所以具衆理 而應萬事者也, 性則心之所具之理 而天又理之所從以出者也, 주희朱熹, 『맹자집주孟子集註』) "'밝은 덕'(明德, 양심·성령)이란 사람이 하나님(성부)께 얻은 것으로, '텅 비어 있되 신령하고 밝게 알아차리는 의식'(허령지각虛靈知覺, 영원한 나의 현존, I AM)이니, 천지만물의 모든 '원리'(理, 양심·성령의 진리)를 갖추고서 만 가지 일에 응하는 주체가 되는 것이다." (明德者 人之所得乎天 而虛靈不昧 以具衆理而應萬事者也, 주희, 『대학장구大學章句』)

도마복음

21절

육체의 주인이 오기 전에 영생을 얻어라

마리아가 예수님께 묻기를 "당신의 제자들은 무엇과 같습니까?"라고 하였다.

예수님께서 말씀하시길 "그들은 남의 밭에 사는 어린아이들과 같다. 그 밭의 주인이 나타나서 '우리 밭을 다시 돌려주거라!' 하고 말하면, 아이들은 밭을 돌려주기 위해서, 그들의 앞에서 옷을 벗고 그들에게 땅을 돌려줄 것이다.[54]

이런 이유로 내가 말하노니, 만약 집의 주인들이 도둑이 올 것을 안다면, 그들은 도둑이 이르기 전에 깨어있을 것이다.[55] 그리하여 그들이 집에 침입하여 재산을 훔쳐 가지 못하게 할 것이다. 그러니 그대들은 세상에 대해 깨어있어야 한다. 큰 힘으로 자신을 준비시켜서,

도둑이 그대들에게 오는 길을 찾지 못하게 하라. 그대들이 예상하는 역경이 올 것이기 때문이다.[56]

그대들 중에 깨닫는 사람이 있어야 할 것이다. 곡식이 익으면 거두는 자가 재빨리 낫을 들고 와서 추수를 한다. 여기 있는 사람들 중에 누구라도 들을 만한 귀가 있는 자는 들어라."라고 하셨다.[57]

---

54 '땅'은 '육체'를 말한다. 땅의 주인은 따로 있다. 이 육체는 버려야 할 것이다. 그때가 되면 주저 없이 벗어던지고 '부활체'로 영생을 누릴 수 있어야 한다.

55 "'경敬'(깨어있음, 양심의 현존에 안주)을 지니면 '천리天理'(하나님의 진리·양심의 진리)가 항상 밝아서(진리의 직관) 자연히 '인욕人慾'(인간의 비양심)이 억제되어 사라질 것이다(진리의 분석과 실천)." (敬則天理常明 自然人欲懲窒消治,『주자어류朱子語類』)

56 나에게 '육체'를 훔쳐 가는 '도둑'이 오기 전에, 먼저 '육체의 에너지'(백魄, 에너지체·기운체)를 통해 '영적 육체'(부활체)를 배양해야 한다. 그래서 '불사의 몸'을 이루어야 한다. 그렇지 못하면 도둑이 와서 '육체와 그 에너지'를 훔쳐 갈 것이다(혼비백산魂飛魄散, 영靈·혼魂[△]과 백魄·육체[▽]의 분리).

57 곡식이 익으면, 즉 나이가 들면 추수하는 자가 와서 이 '육체와 에너지'를 가져갈 것이다. 그전에 조치를 취하여 '영적 육체'(부활체)를 부활시켜라. 그래야 죽음을 맛보지 않을 것이다.

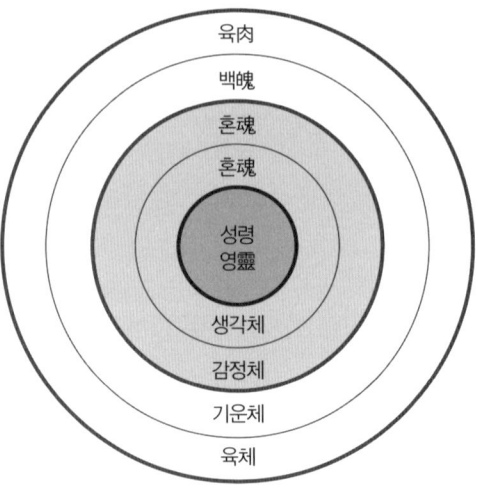

| 인간 영·혼·육의 구조 |[58]

---

58 "흙에서 온 너의 '육체'는 흙으로 돌아가고, 하나님에게서 온 너의 '영'은 하나님께로 돌아가리라. 그전에 창조주 하나님을 기억하라!" (전도서 12:7) (우리의 영은 본래 하나님의 영이다!)
"그때 주 하나님께서 '흙의 먼지'(육)로 사람을 빚어 만드시고, 그의 코에 '생명의 숨결'(영)을 불어넣으셨다. 그리하여 사람이 '살아 있는 혼'이 되었다." (창세기 2:7)
① 흙의 먼지로 빚은 몸 : 육肉, '지地·수水·화火·풍風'으로 이루어진 몸.
② 생명의 숨 : 성령聖靈, 하나님의 형상이 새겨져 있는 진리의 영.
③ 살아 있는 존재 : 혼魂, 생각·감정·오감의 작용을 지닌 혼.

22절

영적 육체로 거듭나는 방법[59]

예수님께서 몇 명의 젖을 먹고 있는 아이들을 보시더니, 그의 제자들에게 말씀하시길, "이 젖 먹는 아이들과 같아야만 '그 왕국'에 들어갈 수 있을 것이다!"[60]라고 하셨다.

---

[59] "예수님께서 말씀하시길 '내가 그대들에게 진실을 말하노니, 누구든지 다시 태어나지 않으면, 하나님의 나라를 볼 수 없을 것이다.'라고 하셨다. 니고데모가 예수님께 묻기를 '이미 나이든 사람이 어떻게 다시 태어날 수 있겠습니까? 다시 태어나기 위해 엄마 뱃속에 다시 들어갈 수는 없지 않습니까?'라고 하였다. 예수님께서 대답하시기를 '내가 그대들에게 진실을 말하노니, 누구든지 '물'(성령의 에너지, ▽)과 '성령'(불, △)으로 다시 태어나지 않으면(온전한 부활, ✿), 하나님의 왕국을 볼 수 없을 것이다. 육체는 '물질의 육체'를 낳고, 성령은 '영적인 육체'를 낳는다. '그대들은 다시 태어나야 한다.'라고 내가 말했다고 해서 놀라지 마라. 바람은 불고 싶은 곳으로 분다. 그대들은 단지 그것의 소리를 들을 수 있을 뿐, 결코 바람이 어디에서 와서 어디로 가는지 말할 수 없을 것이다. 성령으로 다시 태어난 이도 이와 같다.'라고 하셨다." (요한복음 3:3~8)

제자들이 예수님께 묻기를, "그렇다면 우리가 '갓난아이'처럼 된다면, 천국에 들어갈 수 있는 것입니까?"라고 하였다.

예수님께서 제자들에게 말씀하시길, "그대들이 둘을 하나로 만들 수 있을 때[61], 안을 바깥처럼 그리고 바깥을 안처럼 만들 수 있을 때[62], 위를 아래처럼 만들고, 남성과 여성을 하나로 만들 수 있어서, 남성이 더

---

60 천국에 들어가기 위해서는 '아이'처럼 되어야 한다. 다시 태어나야 한다. 그렇다고 엄마 뱃속에 들어가서 다시 태어나라는 것이 아니다. 이것은 육신의 거듭남이 아닌, 영적인 거듭남을 말한다.

61 ① 둘을 하나로 만들 수 있어야 한다! 내 몸속에 존재하는 모든 이원성을 하나로 합해야 한다.

62 ② 안을 바깥처럼 그리고 바깥을 안처럼 만들 수 있어야 한다! 부활하신 예수님처럼 안에 있는 '성령'이 밖으로 '몸'을 나타낼 수 있어야 하며, 그 몸을 바람처럼 흩어서 안으로 갈무리할 수도 있어야 한다. 중국 도교인 용문파龍門派의 대표적인 경전이 되는 『혜명경慧命經』에서는 '거듭난 원신元神'(거듭난 영, 양신陽神)에 대해 다음과 같이 가르친다.
"나오면 있고 들어가면 없어져서 '신묘한 도'를 잇는다. 여러 신령함이 자취를 드러내다가 '허무'로 돌아간다. '생각'을 분리시켜서 '형체'를 만드니, 색깔과 모양을 눈으로 볼 수 있다. 형체를 몸에서 분리시켜서 나타내나 모두 '참된 근원'에서 나온 것이다." (出有入無承妙道 共靈顯迹化虛無 分念成形窺色相 分形露體共眞源, 『혜명경』)
'거듭난 원신'(순수 의식)을 밖에 펼치면 '오감과 육신'을 갖추고, 다시 갈무리하면 '텅 빈 허공의 본체'로 돌아간다는 것이다. 물질로 화현한 몸뚱이는 형체를 지녀서, 색깔과 모양을 눈으로 볼 수 있다. 그러나 이 모든 형체는 본래 '텅 빈 순수 의식'(영)을 빚어서 만든 것이니, 본래 텅 비어 고요할 뿐이다. 예수님께서 안을 바깥으로 바깥을 안으로 만들 수 있어야 한다는 것도 바로 이러한 의미이다.
"바람은 불고 싶은 곳으로 분다. 그대들은 단지 그것의 소리를 들을 수 있을 뿐, 결코 바람이 어디에서 와서 어디로 가는지 말할 수 없을 것이다. 성령으로 다시 태어난 이도 이와 같다." (요한복음 3:8)

이상 남성이 아니며 여성 또한 더 이상 여성이 아니게 될 때[63],

  그대들이 '육체의 눈' 대신에 '새로운 눈'을 만들 수 있고, '육체의 손' 대신에 '새로운 손'을 만들 수 있고, '육체의 발' 대신에 '새로운 발'을 만들 수 있고, '육체의 형상' 대신에 '새로운 형상'을 만들 수 있을 때, 그대들은 '그 왕국'에 들어갈 수 있을 것이다.[64]"라고 하셨다.

---

[63] ③ 위와 아래, 남성과 여성을 하나로 만들 수 있어야 한다! 먼저 머리의 '불'(△, 양적 에너지, 남성)과 아랫배의 '물'(▽, 음적 에너지, 여성)을 하나로 합할 수 있어야 하고(✿, 성령의 에너지), 나아가 이렇게 얻은 '성령의 에너지'(▽, 물)와 '성령'(△, 불)을 하나로 합할 수 있어야 '거듭난 갓난아이'(✿)가 될 수 있다. 우리 몸속에 '새로운 생명'(✿)이 거듭나게 할 수 있다면, 더 이상 남성(△)·여성(▽)을 나눌 수 없게 될 것이다. 겉으로 드러난 우리의 모습은 남성·여성이 나뉘겠지만, 우리의 부활한 '영적 육체'는 남성·여성을 초월하게 될 것이다.

[64] ④ 육체의 눈 대신에 '새로운 눈'을 만들 수 있고, 육체의 손 대신에 '새로운 손'을 만들 수 있고, 육체의 발 대신에 '새로운 발'을 만들 수 있고, '육체의 형상' 대신에 '새로운 형상'을 만들 수 있어야 한다! 이 육신은 지상의 것으로 썩어 부패할 것이니 집착할 것이 아니다. 이 '영적인 몸'이야말로 성령을 담을 영적인 몸이자 영원 불멸의 몸이며, 장차 하늘나라에서 살아갈 몸이다.
"물질적인 육체가 있다면 영적인 육체도 있는 것입니다." (고린도전서 15:44)
"살과 피를 지닌 육체로는 '하나님의 왕국'을 물려받지 못하며, 썩어서 부패하는 것으로는 썩지 않는 것을 물려받지 못합니다." (고린도전서 15:50)
"사문(승려)은 이와 같이 명상에 들어 4선정의 마음에서 '생각으로 만드는 몸'(意生身·意成身)을 만드는 것에 마음을 기울이게 됩니다. 그리하여 그는 이 육신으로부터 다른 몸뚱이를 변화시켜 나투게 됩니다. 색깔을 지니고 있으며, 여러 가지 각 부분들을 두루 갖추고 있으며, 감각기관이 열등하지 않은 몸을 바꾸어 나투게 되는 것입니다. 어떤 사람이 뱀에게서 허물을 벗겨 내고는 '이것이 뱀이고 저것은 허물이다. 뱀과 허물은 다르다. 저 허물은 뱀으로부터 벗겨 낸 것이다.'라고 생각할 것입니다." (『사문과경沙門果經』)

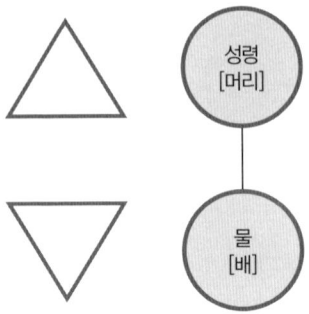

| 물과 성령으로 거듭남 |[65]

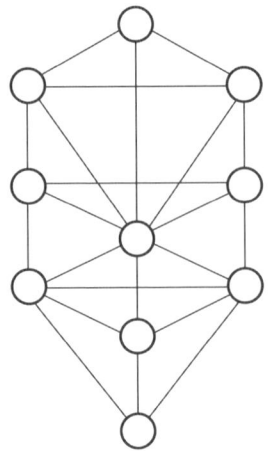

| 생명의 나무인 세피로트 |[66]

65 "나를 믿는 자는 누구나, 성경에서 말하였듯이 '생수의 강'이 그의 속에서 흘러나올 것이다." (요한복음 7:38)

여기서 말하는 '생수의 강'은 4원소(지수화풍)의 뿌리가 되는 '성령 에너지'를 말하니, 이 성령 에너지야말로 '성령'의 '근원적인 몸'이 된다.

"내가 주는 '물'(영적 에너지)을 마시는 사람은 누구나 영원히 목마르지 않게 될 것이다. 내가 주는 물은 그 사람 안에서 '솟구치는 샘물'이 되어 '영생'에 이르게 할 것이다." (요한복음 4:14)

"상고 시대에 '진인'이 있었다. 그는 하늘과 땅을 끌어당겼으며, 음양을 장악하였고, '정기精氣'(▽, 음적 에너지, 물)를 호흡하며, 홀로 서서 '정신'(△, 양적 에너지, 성령)을 지켰고, 피부와 살이 한결같았다. 그래서 능히 수명이 하늘·땅과 같아서 결코 죽는 법이 없었다(영생의 육체를 이룸). 이것은 그가 '진리'(道)와 하나가 되어 살기 때문이다." (上古有眞人者 提挈天地 把握陰陽 呼吸精氣 獨立守神 肌肉若一 故能壽敝天地 无有終時 此其道生, 『황제내경黃帝內經』「상고천진론편上古天眞論篇」)

"평상시에 식사를 하고 나면 입을 다물고 단정히 앉아, 한 생각도 일어나지 않게 하고 모든 잡념을 다 잊어버려야 한다. 정신을 보존하고 생각을 안정시킨 뒤에, 눈으로는 아무 물건도 보지 말고 귀로는 아무 소리도 듣지 말고, 일심으로 안으로 '단전'을 지켜야 한다. 숨을 고르게 하며(調息, 들이쉬는 숨과 내쉬는 숨의 굵기나 길이를 동일하게 조절함), 고요하되 가늘고 길게 들이쉬고, 미세하게 내쉬어야 한다. 숨이 절대로 끊어지지 않게 해야 하니, 있는 듯 없는 듯 지속되어야 한다. 이렇게 한다면 자연히 심장의 불 기운(△)은 아래로 내려가고 신장의 물 기운(▽)이 위로 올라가서, 입 속에 침이 생기고 '신령하고 참된 기운'(정기신이 합일된 내단 內丹, ✡)이 몸속에 존재하게 되어 오래 살 수 있게 되는 것이다." (日用飲食 禁口端坐 莫起一念 萬慮俱忘 存神定意 眼不視物 耳不聽聲 一心內守 調息綿綿 漸斬呼出 莫敎間斷 似有若無 自然心火下降 腎水上昇 口裏津生 靈眞附體 得至長生, 허균許筠, 『한정록閒情錄』)

"'호흡'을 돌리기를 100일간 하면 '정기精氣'가 자연히 충만해진다. 그러면 '진양眞陽'(△, 원기元氣·진화眞火, 순수한 에너지)이 자연히 생겨나니, '물'(▽, 원정元精, 순수한 생명의 씨알) 속에서 자연히 '진화眞火'가 생겨난다. 이것을 잘 챙기면서 수행하면, 자연히 '물'(▽)과 '불'(△)이 결합하여 '진리의 태아'(✡)가 저절로 결성된다. 그러면 내가 전혀 알 수 없는 차원의 하늘에 존재하게 되니, '갓난아이'가 저절로 완성된다." (回之百日 則精氣自足 眞陽自生 水中自有眞火 以此持行 自然交媾 自然結胎 吾方在不識不知之天 而嬰兒以成矣, 『태을금화종지太乙金華宗旨』)

66 머리(△)와 가슴(▽)과 배(▽), 남자(△)와 여자(▽)가 서로 '하나'로 합하게 되면 '온전한 부활'(✡)이 이루어진다. '영적 육체'를 이루는 질서도 '하나님의 빛' 안에 존재하는 질서·형상이자 생명의 나무인 '세피로트'에 의거해 이루어진다.

서양 연금술의 요결, 에메랄드 타블렛

서양에 전해 오는 '연금술'은 '양적 에너지'(태양, △)와 '음적 에너지'(달, ▽)를 합쳐서 '영생 불멸체' '순금' '현자의 돌'(✿, 영생의 결정체)을 얻는 비법입니다. 서양 연금술의 근원으로 전해지는 헤르메스 트리스메기스투스의 『에메랄드 타블렛』에서도 '현자의 돌'을 이루는 법을 다음과 같이 이야기하고 있습니다.

"이것은 진리이다.
조금의 거짓도 없이 최고로 진실한 것이다.
'하나의 물질'이 기적을 이룸에 있어서,
'아래'에 있는 것은 '위'에 있는 것과 같고,
'위'에 있는 것은 '아래'에 있는 것과 같다.

'하나의 존재'에 의해

모든 사물이 만들어지는 것처럼,

모든 사물은 이 '하나의 물질'(◉, 원기)로부터 만들어진다.

그의 아버지는 '태양'(△, 불)이며,

어머니는 '달'(▽, 물)이다.

'바람'(○)이 그것을 '자궁'에 옮겨 주었고,

'흙'(□)은 그에게 '양분'을 주었다.

그것은 전 세계의 모든 완전함의 뿌리이다.

만약 그것이 '흙'으로 변화하게 된다면

그 힘은 완벽해질 것이다.

신중하고 올바른 방법으로,

'흙'을 '불'에서 분리시키고,

정밀한 것을 조잡한 것에서 분리시켜라.

최고로 위대한 총명함으로 '흙'에서 '하늘'로 올라가라.

그리고 다시 '흙'으로 내려오라.

그대는 자신의 내부에 '위의 힘'과 '아래의 힘'을

동시에 품게 될 것이다.

그러면 그대는 온 세계의 영광을 얻게 될 것이며,

모든 어둠은 그대를 멀리 떠나게 될 것이다.
이것은 모든 것 중에서 가장 위대한 힘인데,
왜냐하면 모든 미세한 것들을 정복하며,
또한 모든 단단한 것들을 관통할 수 있기 때문이다.

세상은 이렇게 창조되었다.
따라서 여기에 설명되어 있는 경이로움을 따르라.
나는 전 세계 철학의 3가지 부분(△·▽·✿)을
가지고 있기에
'헤르메스 트리스메기스투스'라 불린다.
나는 태양(☉, 아톰)의 작업에 관해 할 말을 다하였다."

23절

그들은
하나로서 설 것

예수님께서 말씀하시길 "내가 그대들을, 천에 하나 만에 둘로 택할 것이다.[67] 그들은 '하나'[68]로서 설 것이다."라고 하셨다.

---

67 "뛰어난 선비는 도道를 들으면 부지런히 실천하며,
중등의 선비는 도를 들으면 들은 듯 만 듯하며,
저열한 선비는 도를 들으면 크게 비웃는다.
크게 비웃지 않으면 도가 되기에 부족하다."
(上士聞道 勤而行之 中士聞道 若存若亡 下士聞道 大笑之 不笑 不足以爲道, 『노자』)

68 모든 '하나님의 자녀'(성도)는 '하나의 성령'(영원한 나의 현존, I AM) 안에서 온전한 하나가 될 것이다. 많은 물고기들이 '하나의 물' 안에서 하나가 되는 것처럼 말이다.

24절

빛은
빛의 사람 안에 있다

그분의 제자들이 묻기를 "'당신께서 계신 자리'를 우리에게 보여 주십시오. 우리가 '그 자리'를 찾아야 하지 않겠습니까?"라고 하였다.

예수님께서 그들에게 말씀하시길 "귀가 있는 자는 들어라. '빛'은 '빛의 사람'[69] 안에 있으니, 그 빛이 온 세상을 비춘다. 만일 그것이 빛을 비추지 못한다면, 그것은 어둠이다."라고 하셨다.[70]

69 아버지가 '빛'이니 아들도 '빛의 사람'이다. 대승불교에서도 그렇다. 성부에 해당하는 법신불法身佛 비로자나불은 '빛'을 의미하며, 성자에 해당하는 보신불報身佛 아미타불도 '무량한 빛'(무량광無量光)을 의미한다. 또한 아미타불은 '무량한 수명'(무량수無量壽) 즉 '영생'을 의미하기도 하니, 예수님처럼 '생명의 빛'이다.
"나는 '세상의 빛'이니, 나를 따르는 자는 '어둠'에 다니지 아니하고 '생명의 빛'(무량수·무량광)을 얻을 것이다." (요한복음 8:12)

70 '빛'(아버지, 불)은 '빛의 사람'(아버지와 하나가 된 아들, 불타는 쇠공) 안에 있다. 주위에 빛을 비추지 못하는 사람은 더 이상 빛이 아니다. 열기는 타오르는 쇠공 안에 있다. 만약 쇠공이 뜨겁게 달아올라 주위를 뜨겁게 하지 못하고 식어 버린다면 그것은 단지 차가운 쇠공일 뿐, 더 이상 뜨거운 열기가 아니다.

25절

그들을 사랑하고 보호하라

예수님께서 말씀하시길 "그대의 친구들을 그대의 영혼처럼 사랑하고, 그대의 눈동자처럼 보호하라."라고 하셨다.[71]

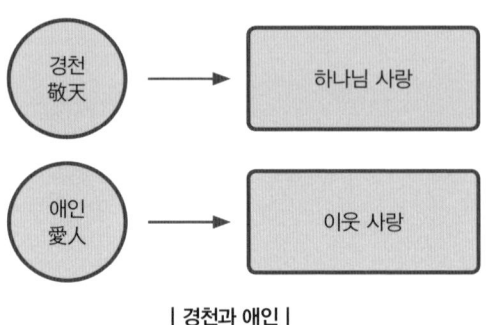

| 경천과 애인 |

71 '뜨거운 열기'를 공유한 '쇠공들'은 뜨거운 열기 안에서 '하나'이다. 우리는 각각의 개체이나, '하나의 성령' 안에서 하나이다. 온 우주가 '하나님의 몸'이니, 우리 또한 한 분이신 하나님께서 머무시는 존재들일 뿐이다. 그러니 나와 남은 본래 '한 뿌리'를 가진 존재들이다. 자신을 위하듯이 서로 위하고 사랑해야 한다. 이것이 한 분이신 하나님을 진정으로 위하고 사랑하는 방법이다. 부모님께 진정으로 효도하는 자는 형제들 간에 우애 있게 지내는 자이다. 부모님에게만 잘하며 형제들 간에는 싸움이 그치지 않는다면, 부모님의 가슴은 피멍이 들 뿐이다.

"율법학자 중 한 사람이 그들이 토론하는 것을 듣다가, 예수님께서 그들에게 대답을 잘 해 주시는 것을 보고는 예수님께 묻기를 '계명 중에서 가장 중요한 계명은 무엇입니까?'라고 하였다. 예수님께서 대답하시길 '첫 번째는 바로 이것이니, '이스라엘아 들어라! 우리의 주이신 하나님은 유일한 주이시니, 너희는 마음을 다하고 목숨을 다하고 정신과 힘을 다하여, 주이신 너희 하나님을 사랑해야 한다!'(敬天)라는 것이 그것이다. 두 번째는 이것이니, '네 이웃을 너 자신처럼 사랑하라!'(愛人)라는 것이 그것이다. 이것보다 더 큰 계명은 없다.'라고 하셨다." (마가복음 12:28~31)

"그러므로 무엇이든지, 남이 그대들에게 해 주기를 바라는 대로, 그대들도 남에게 해 주어라. 이것이 율법과 예언서의 골자이다." (마태복음 7:12)

"내가 그대들에게 '새로운 계명'을 주겠다. 서로를 사랑하라! 내가 그대들을 사랑한 것처럼 그대들도 서로를 사랑하라. 만약 그대들이 서로를 사랑한다면, 모든 사람들이 그대들이 나의 제자라는 것을 알게 될 것이다." (요한복음 13:34~35)

"사랑하는 여러분, 서로 사랑합시다. '사랑'은 하나님에게서 오는 것이기 때문입니다. 사랑하는 이는 모두 하나님에게서 태어났으며 하나님을 압니다. 사랑하지 않는 사람은 하나님을 알지 못합니다. 하나님은 '사랑'이시기 때문입니다." (요한1서 4:7~8)

"모든 율법은 한 가지 계명으로 요약됩니다. 그것은 바로 '네 이웃을 너 자신과 같이 사랑하라!'라는 계명입니다." (갈라디아서 5:14)

"서로 사랑해야 한다는 빚 외에는 어떠한 빚도 지지 마십시오. 왜냐하면 그의 동료를 사랑하는 사람이라야 율법을 완성하기 때문입니다. '간음하지 마라! 살인하지 마라! 도둑질하지 마라! 탐내지 마라!'라는 계명과 그 밖의 어떠한 계명도, '네 이웃을 너 자신처럼 사랑하라!'라는 하나의 계명으로 요약됩니다. '사랑'은 이웃에게 해를 끼치지 않습니다. 그러므로 사랑은 '율법의 완성'입니다." (로마서 13:8~10)

26절

먼저 그대의 눈 속의 들보를 빼내라[72]

 예수님께서 말씀하시길 "그대들은 친구의 눈 속의 티끌은 보면서, 자신의 눈 속의 들보는 보지 못한다. 그대들의 눈 속의 들보를 꺼낼 때, 친구들 눈 속의 티끌을 제거해 줄 수 있을 만큼 잘 볼 수 있게 될 것이다."라고 하셨다.[73]

---

[72] "'어찌하여 그대는 형제의 눈 속에 있는 티끌은 보면서, 그대의 눈 속에 있는 들보는 깨닫지 못하는가? 그대는 그대의 눈 속에 있는 들보를 보지 못하면서, 어찌하여 형제에게 '형제여, 그대의 눈 속에 있는 티끌을 빼 주겠다!'라고 말할 수 있는가? 밖만 꾸미는 위선자들이여, 먼저 그대의 눈 속에서 들보를 빼내라! 그 후에야 그대의 눈이 밝아져서 형제의 눈 속에 있는 티끌을 뺄 수 있을 것이다." (누가복음 6:41~42)

73 '경천敬天'의 요령은 '애인愛人'에 있다. 그러니 친구들을 나처럼 여기고 사랑해야 한다. 우리는 남의 잘못은 아무리 작아도 철저히 비판하면서 자신의 잘못은 아무리 커도 쉽게 용서한다. 그러니 "네 이웃을 너 자신처럼 사랑하라!"라는 '하나님의 명령'을 실천하고자 한다면, 자신의 잘못은 남의 잘못을 비판하듯이 철저히 반성해야 하고, 남의 잘못은 자신을 용서하는 마음으로 너그럽게 대해야 한다. 이래야 진정으로 하나님을 사랑하는 사람이다.

"남을 심판하지 마라. 그래야 그대들도 심판받지 않을 것이다. 그대들이 남을 심판하는 그대로 그대들도 심판받을 것이며, 그대들이 남을 헤아리는 잣대로 그대들도 헤아림을 받을 것이다." (마태복음 7:1~2)

"남을 질책하는 마음으로 자신을 질책하고, 자신을 용서하는 마음으로 남을 용서하라!" (責人之心 責己 恕己之心 恕人, 『명심보감明心寶鑑』)

27절

세상을 금식하고 하나님의 현존에 안식하라

예수님께서 말씀하시길 "만약 그대들이 세상을 '금식'하지 않으면, 그대들은 '그 왕국'을 찾지 못할 것이다. 만약 그대들이 '안식일'을 안식일로 지키지 않는다면, 그대들은 '아버지'를 볼 수 없을 것이다."라고 하셨다.[74]

---

74 세상을 금식하라. 오직 모를 뿐이다! 일체를 내려놓고 오직 '하나님' 안에서 안식하라! 하나님 자리야말로 우리의 안식처이다. 안식일은 '하나님의 현존'과 '하나님의 진리'에 안식하는 날이니, 우리는 안식일을 제대로 지켜야 한다. '하나님의 영원한 현존' 안에서 '하나님의 사랑의 진리'와 하나가 되어 존재하고 살아가야 한다.

28절

예수님께서
세상에 오신 이유

  예수님께서 말씀하시길 "나는 세상 가운데 내 자리를 정하고, 육신으로 사람들에게 나타났다.[75] 나는 그들이 모두 취해 있다는 것을 알았으나, 그들 중에 누구도 목말라하는 자를 찾지 못했다.

  내 영혼이 인간의 자녀들로 아파하는 것은, 그들이 '마음의 눈'(心眼)

---

[75] "사리불이여, 무엇을 일러 모든 부처님 세존들께서 이 세상에 출현하시는 '유일한 한 가지 위대한 목적'이라고 하는가? 모든 부처님 세존들께서는 ① 중생들의 '부처의 안목'을 열어 주어 '청정함'을 얻게 하고자 세상에 출현하시며, ② 중생들에게 '부처의 안목'을 보여 주고자 세상에 출현하시며, ③ 중생들이 '부처의 안목'을 깨닫게 하고자 세상에 출현하시며, ④ 중생들이 '부처의 안목을 따르는 길'에 들어서게 하고자 세상에 출현하신다. 사리불이여, 이것이 모든 부처님들께서 세상에 출현하시는 한 가지 위대한 목적이다." (舍利弗 云何名諸佛世尊 唯以一大事因緣故出現於世 諸佛世尊 欲令衆生開佛知見 使得淸淨故出現於世 欲示衆生佛之知見 故出現於世 欲令衆生悟佛知見故出現於世 欲令衆生入佛知見道故出現於世 舍利弗 是爲諸佛以一大事因緣故出現於世,『법화경』「방편품方便品」)

이 멀어서 보지 못하기 때문이며, 그들이 헛되이 세상에 왔다가 헛되이 세상을 떠나려 하기 때문이다.

그러나 그동안은 그들이 취해 있었으나, 그들이 포도주를 떨쳐 버릴 때, 그들은 그들의 방식을 바꾸게 될 것이다."라고 하셨다.

29절

육체로 인해
영이 존재하게 하라

예수님께서 말씀하시길 "만약 '영'으로 인해 '육체'가 존재하게 된다면,[76] 그것은 신비로운 일이다. 그러나 '육체'로 인해 '영'이 존재하게 된다면,[77] 그것은 '신비 중의 신비'이다. 나는 어떻게 이런 '위대한 풍요'가 이런 '빈곤' 속에 거주하게 되었는지 신비로울 뿐이다.[78]"라고 하셨다.

---

[76] '영혼'이 '거친 육체' 즉 사멸하는 육체를 입어 세상 속에 태어나게 된 것을 말한다.
"나는 세상 가운데 내 자리를 정하고, 육신으로 사람들에게 나타났다." (도마복음 28절)

[77] '거친 육체' 안에 존재하는 '5가지 생명의 원소'(육체의 에너지와 성령의 에너지)에 의지해 '새로운 육체'로 거듭 태어나게 된 것을 말한다. 육체에 의해 영혼이 '영적인 육체'를 얻게 된 것이야말로 '신비 중의 신비'이다.
"그대들이 육체의 눈 대신에 새로운 눈을 만들 수 있고, 육체의 손 대신에 새로운 손을 만들 수 있고, 육체의 발 대신에 새로운 발을 만들 수 있고, '육체의 형상' 대신에 '새로운 형상'을 만들 수 있을 때, 그대들은 천국에 들어갈 수 있을 것이다." (도마복음 22절)

78 '육체'라는 '빈곤'(사멸할 존재) 속에 이러한 '풍요로움'(낙원의 5그루 나무, 생명의 나무, 생명의 5가지 원소)이 존재한다는 것은 신비이다. 죽음이 이르기 전에 육체 속에 있는 이 풍요로움을 통해 '영적 육체의 완성'을 이뤄야 한다. '영생'은 죽음 이후에 이루어지는 것이 아니라, 죽음이 이르기 전에 이루어져야 한다.

"'혼魂'(△)과 '백魄'(▽)을 하나로 합치시켜서(✿) 분리되지 않도록 할 수 있겠는가? 기운을 하나로 모아 부드럽게 하여 '갓난아이'가 될 수 있겠는가?"(載營魄抱一 能無離乎 專氣致柔 能嬰兒乎, 『노자』)

"하나님과 통하고 싶다면, '물'(▽)과 '불'(△)을 알맞게 조절하여 형체에서 분리시킬 수 있어야 한다. 형체에서 분리되면 그 몸(혼백합일체·부활체, ✿)이 '3혼·7백'으로 이루어져 있음을 알게 된다."(欲得通神 宜水火分形 形分則見其身三魂七魄, 『포박자抱朴子』「지진地眞」)

'3혼魂'이란 ① 육체를 관장하는 혼[▽] ② 자아를 관장하는 혼[✿] ③ 영성을 관장하는 혼[△]을 말하며, '7백魄'은 육체를 이루는 '상하·전후·좌우·중심'을 구성하는 7가지 에너지의 요소'를 말한다.

30절

그대들은
하나님들이다

    예수님께서 말씀하시길 "3명의 하나님[79]들이 있는 곳에서 그들은 거룩하다. 둘 또는 하나가 있는 곳에, 나도 바로 그 사람과 함께 있을 것

---

[79] "유대인들이 다시 돌을 들어서 예수님께 던지려 하자, 예수님께서 그들에게 말씀하시길 '나는 '아버지'(전지·전능·사랑의 하나님)로 말미암아 그대들에게 많은 선한 일을 보여 주었다. 그중에서 어떤 일로 그대는 나에게 돌을 던지려고 하느냐?'라고 하셨다.
유대인들이 대답하길 '우리는 그것들 중의 어떤 것 때문에 돌을 던지려고 하는 것이 아니라, 신성을 모독하였기 때문이니, 그대가 '하나님'이라고 스스로 칭하였기 때문이다.'라고 하였다.
예수님께서 그들에게 대답하시길 '그대들의 율법에 기록되기를 '나(하나님)는 그대들이 하나님들이라고 말하였다!'라고 하지 않았는가? 하나님의 말씀을 받은 사람들을 '하나님들'이라고 하였으니, 성경은 없어지지 않을 것이다. 하물며 아버지께서 거룩하게 하시어 세상에 보낸 자는 어떻겠는가? 어찌하여 그대들은 내가 '나는 하나님의 아들이다!'라고 하였다고 해서, 내가 신성을 모독했다고 하는가?
만약 내가 '아버지의 일'을 행하지 않거든, 나를 믿지 말라! 그러나 만약 내가 아버지의 일을 행하거든, 나를 믿지는 않더라도, 그 '선한 일들'은 믿어라! 그러면 그대

도마복음

이다.⁸⁰"라고 하셨다.⁸¹

들은 아버지께서 내 안에 계시고, 내가 아버지 안에 있다는 것을 이해할 수 있을 것이다.'라고 하셨다." (요한복음 10:31~38)
"내(하나님)가 말하길 '너희들(땅의 재판관들)은 하나님들이며, 지극히 존귀한 분의 아들들이다.'라고 하였다." (시편 82:6)

80 "내 이름으로 둘이나 셋이 모인 곳에는, 나도 그들과 함께 있을 것이다." (마태복음 18:20)

81 자신의 '성령'을 다시 찾은 사람들은 '하나님의 분신'이니 이미 '하나님'이다. 그러한 깨어나 안식처를 얻은 자들이 셋이 모인다면, 그들은 참으로 거룩한 존재들이다. 3인이 되어야 '공동체'가 된다. '성령의 공동체'와 공동체를 이룬 '성령 안에 거하는 자들'은 참으로 거룩하다. 하지만 공동체를 이루지 못하고 둘이나 하나만 있더라도 예수님께서는 그들과 함께할 것이라고 말씀하신다. 사실 예수님과 우리는 본래 '성령'에 있어서 '하나'이니, 예수님의 가르침대로 '하나'가 된 사람은 '예수님'과 근본적으로 분리될 수 없다.

31절

고향에서 환영받지 못하는 선지자[82]

예수님께서 말씀하시길 "어떤 선지자도 그의 고향에서 환영받지 못하며, 의사들은 그들을 아는 자를 치료할 수 없다."라고 하셨다.[83]

---

[82] "예수님께서 자라나신 나사렛에 가셨다. 안식일이 되자 자신의 관례대로 회당에 가시어 성경을 읽으려고 서셨다. 선지자 이사야의 글을 드리니 그 책을 펴시고 다음과 같이 기록한 곳을 찾아 읽으셨다.
'주의 성령이 내게 임하셨으니, 이는 가난한 자에게 복음을 전하게 하시려고 내게 기름을 부으신 것이다. 나를 보내서서 포로된 자에게 자유를 선포하게 하셨고, 눈먼 자를 다시 보게 하셨으며, 짓밟힌 자들을 해방시키도록 하셨으며, '주의 은혜의 해'를 선포하게 하셨다!'라고 하시고 책을 덮어 그 맡은 자에게 주고 앉으시니, 회당에 있는 자들이 다 주목하여 보았다.
이에 예수님께서 그들에게 말씀하시길 '이 글이 오늘날 그대들의 귀에 이루어졌다!'라고 하시니, 그들은 모두가 주의 증언을 인정하면서도, 주의 입에서 나오는 은혜로운 말씀을 기이하게 여기면서 '이 사람은 요셉의 아들이 아닌가?'라고 말하였다. … 진실로 그대들에게 이르노니, 선지자가 고향에서 환영을 받는 자가 없다." (누가복음 4:16~24)

83 사람들은 '에고의 눈'으로 '거죽'만을 본다. '성령의 눈'으로 그 거죽 안에 담긴 '보물'을 보지 못한다.

32절

높은 언덕 위에 세워진 굳건한 도시[84]

예수님께서 말씀하시길 "높은 언덕 위에 세워진 굳건한 도시는 무너지지 않고 감춰질 수 없다."라고 하셨다.[85]

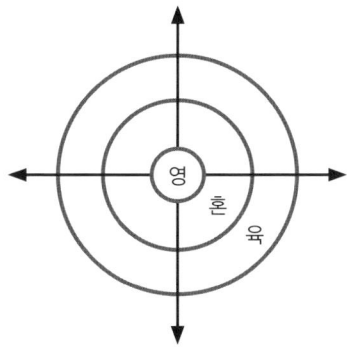

| 성령의 토대 위에 지어진 성전 |

84 "그러므로 나의 이 말을 듣고 실천하는 이는, 모두 자신의 집을 반석 위에 지은 지혜로운 사람과 같을 것이다. 비가 내려서 강물이 밀려오고 바람이 불어 그 집에 들이쳤지만 무너지지 않았다. 그 집이 반석 위에 세워졌기 때문이다. 그러나 나의 이 말을 듣고 실천하지 않는 자는, 자신의 집을 모래 위에 지은 어리석은 사람과 같다. 비가 내려서 강물이 밀려오고 바람이 불어 그 집에 휘몰아치자 무너져 버렸다. 그 집은 완전히 무너지고 말았다." (마태복음 7:24~27)

85 '높은 언덕'(성령, 진리의 영, 광명하게 빛나는 영)은 사방을 훤히 비추어 주고, 그 위에 세워진 '굳건한 도시(성전)'(거룩해진 혼과 불멸하는 영적 육체)는 무너지지 않는다(칭의·성화·영화의 성취).

33절

모든 사람이 그 빛을 보게 하라

예수님께서 말씀하시길 "그대들의 귀로 들은 것을, 지붕에 올라가서 다른 귀에 선포하라! 아무도 등불을 켜서 바구니 아래에 두지 않고, 감추어진 곳에 두지 않는다. 오히려 등경(등잔을 올려놓는 기구) 위에 두어, 오고 가는 모든 사람들이 그 빛을 볼 수 있게 한다."라고 하셨다.[86]

---

86 '성령'(하나님의 영)은 오직 하나일 뿐이니, 나의 성령은 나만의 것이 아니다. 나의 성령은 '모두의 성령'이다! 따라서 자신의 내면에 '성령의 빛'을 갖춘 '빛의 사람'은 높이 들려 모든 사람들을 비추어 주는 '밝은 등불'이 되어야 한다. 인자가 높이 들려야 한다는 것은 바로 이것을 말한다. 십자가에 못 박히신 예수님의 육신에 매몰되어서는, 진정한 인자의 모습을 볼 수 없다. 우리를 빛으로 인도하시는 '빛의 영과 혼과 육'을 지니신 예수님을 보아야 한다. 우리는 그분을 통해 빛나는 '빛'을 보아야 한다.

"'황극皇極(사람의 아들)이 펼친 말'은 '떳떳한 법도'(彝)이며 '가르침'(訓)이니, 바로 천제天帝(하나님)의 가르침입니다. 대저 여러 백성이 '황극이 펼친 말'을 가르침으로 삼고 실천하면, '천자의 빛'(天子之光)에 가까워질 것이며(황극의 가르침을 배움), '천자께서는 백성의 부모가 되시며, 천하의 왕(天下王, 메시아)이 되십니다.' 라고 말할 것입니다."(日皇極之敷言 是彝是訓 于帝其訓 凡厥庶民 極之敷言 是訓是行 以近天子之光 曰天子作民父母 以爲天下王,『서경書經』「홍범洪範」)
"천하의 중심에 우뚝 서서 4해의 백성을 안정시키는 것은 군자가 즐거워하는 것이다."(中天下而立 定四海之民 君子樂之,『맹자』「진심 상」)

34절

장님의 길 안내[87]

예수님께서 말씀하시길 "만약 장님이 장님을 인도하면, 둘 다 구덩이에 빠지고 말 것이다."라고 하셨다.[88]

---

87 "하늘에 계신 나의 아버지께서 심지 않으신 것은 모두 뽑힐 것이다! 그냥 두어라. 그들(바리새파)은 소경이 소경을 인도하는 자들이다. 소경이 소경을 인도하면 둘 다 구덩이에 빠질 것이다." (마태복음 15:13~14)

88 사방을 비추어 줄 수 있는 '빛의 사람'이 아닌, '어둠의 사람'이 인도하면 모두 구덩이에 빠지고 말 것이다. '자리이타自利利他'가 아니라 '자해해타自害害他'일 뿐이다.

35절

먼저 힘센 자의 두 손을 결박하라[89]

예수님께서 말씀하시길 "사람이 힘센 사람의 집에 들어가 그 집을 취하기 위해서는, 먼저 그의 두 손을 묶어야 한다. 그의 두 손을 묶지 않고서는, 그의 집을 훔칠 수 없다."라고 하셨다.[90]

---

89 "만약 내가 '하나님의 성령'으로 말미암아 귀신을 쫓아내었다면, '하나님의 왕국'(성령의 진리가 구현된 영혼육의 세계)이 이미 그대들에게 임하였도다. 사람이 먼저 강한 자(사탄)를 결박하지 않고서, 어떻게 그 강한 자의 집에 들어가 그 세간을 약탈할 수 있겠는가? 결박한 후에야 그 집을 약탈할 수 있다." (마태복음 12:28~29)

90 먼저 '비양심'(사탄)을 제압하지 않고서는, 온전한 '하나님의 왕국'을 실현할 수 없다.

36절

무엇을 입을까 걱정하지 마라[91]

예수님께서 말씀하시길 "아침부터 저녁까지, 그리고 저녁부터 아침까지, 그대들이 무엇을 입을까 걱정하지 마라."라고 하셨다.

---

[91] "그러므로 내가 그대들에게 이르노니, 그대들의 목숨을 위하여 '무엇을 먹을까?' '무엇을 마실까?' 걱정하지 마라. 또 몸을 위하여 '무엇을 입을까?' 걱정하지 마라. '목숨'이 음식보다 소중하고 '몸'이 옷보다 소중하지 않으냐? 하늘을 나는 새들을 살펴보라. 그것들은 씨를 뿌리지도 않고 거두지도 않으며 곳간에 쌓아 두지도 않는다. 그러나 그대들의 하늘에 계신 아버지께서 그것들을 먹여 주신다. 그대들은 그것들보다 더 귀하지 않은가?
그대들 가운데 누가 걱정한다고 수명을 조금이라도 늘릴 수 있는가? 그리고 그대들은 왜 옷을 걱정하는가? 들에 핀 백합화가 어떻게 자라는지 살펴보라. 그것들은 수고하지도 않고 길쌈도 하지 않는다. 그러나 내가 그대들에게 이르노니, 솔로몬의 온갖 영광으로도 이 꽃 하나만큼 차려입지 못하였다. 오늘 여기 있다가도 내일이면 아궁이에 던져질 들풀까지 하나님께서 이렇게 입히시는데, 하물며 그대들이야 훨씬 더 잘 입히시지 않겠는가?

이 믿음이 적은 자들아! '무엇을 먹을까?' '무엇을 마실까?' '무엇을 입을까?' 하고 걱정하지 마라! 왜냐하면 이런 것들은 이방인들도 찾는 것이기 때문이다. 그대들의 하늘에 계신 아버지께서, 그대들이 필요로 하는 모든 것들을 알고 계신다. 그대들은 무엇보다 '그분의 왕국'(성령의 현존)과 '그분의 정의로움'(성령의 진리)을 구하라! 그러면 이 모든 것들도 함께 받게 될 것이다. 그러므로 내일을 걱정하지 마라. 내일은 내일이 걱정하도록 하라. 그날의 괴로움은 그날로 충분하다." (마태복음 6:25~34)

37절

살아 계신 분의 아들

그분의 제자들이 말하기를 "당신께서는 언제쯤 저희에게 나타나실 것이며, 저희는 언제나 당신을 볼 수 있겠습니까?"라고 하였다.

예수님께서 말씀하시길 "그대들이 어린아이들처럼 부끄러움 없이 벌거숭이가 되어, 옷을 벗어서 발아래 두고 밟을 때, 그대들은 '살아 계신 분의 아들'을 보게 될 것이며 두려워하지 않게 될 것이다."라고 하셨다.[92]

---

[92] 우리 안의 '하나님의 영광'을 가리는 '영적 베일'(하나를 둘로 가르는 마음, 나와 남을 가르는 마음)을 벗고, '하나의 성령'(영원한 하나님의 현존, I AM)의 안에 거하여, '선악과'를 먹기 전의 '영적인 벌거숭이'가 되어라! 그대들이 바로 '영원한 현

존의 참된 분신'이라는 것을 깨닫게 될 것이며(칭의稱義), 동시에 성령의 온전한 구현자이신 '성자 그리스도'를 영접하게 될 것이다. 또는 죽음이 자신의 것(육신)을 찾으러 오기 전에, '육신'(옷)을 벗고도 '영적 육체'를 지녀 자유로울 수 있을 때, '영생'을 얻어 '하나님의 영광스러운 자녀'(영화榮華)로 존재하게 될 것이다. 그리하면 성자를 영접하게 될 것이다.

"어떤 사람이 뱀에게서 허물을 벗겨 내고는 '이것이 뱀이고 저것은 허물이다. 뱀과 허물은 다르다. 저 허물은 뱀으로부터 벗겨 낸 것이다.'라고 생각할 것입니다." (『사문과경』)

38절

누구에게서도 들을 수 없는 가르침[93]

  예수님께서 말씀하시길 "그대들은 내가 그대들에게 말하는 이러한 가르침을 듣기를 갈망했었다. 그대들은 누구에게서도 이런 가르침을 들을 수 없었을 것이다. 그대들이 나를 찾아도 나를 발견할 수 없는 날이 올 것이다."라고 하셨다.

---

[93] "그대들의 눈은 볼 수 있으니 축복받을 것이고, 그대들의 귀는 들을 수 있으니 축복받을 것이다. 진실로, 내가 그대들에게 이르노니, 많은 선지자들과 정의로운 사람들이 그대들이 보는 것을 보고자 간절히 원하였으나 보지 못하였고, 그대들이 듣는 것을 듣고자 간절히 원하였으나 듣지 못하였다." (마태복음 13:16~17)

39절

위선자 바리새파의 죄악[94]

예수님께서 말씀하시길 "바리새인들과 율법학자들이 '깨달음의 열쇠들'을 취하고는 그것들을 감추어 버렸다. 그들은 들어가지 않았으며, 들어가고자 하는 사람들이 들어가는 것도 막았다. 그대들은 뱀처럼 지혜롭고 비둘기처럼 순수해야 한다.[95]"라고 하셨다.

---

[94] "재앙이 있을 것이다! 너희 율법학자들과 바리새인들아! 왜냐하면 너희가 사람들을 막고서 '하늘의 왕국'을 닫아 버렸기 때문이다. 스스로도 들어가지 않을 뿐만 아니라, 들어가고자 하는 사람들도 들어가지 못하게 막고 있도다." (마태복음 23:13)
"보라! 내가 그대들을 내보내는 것이 마치 양을 이리들 가운데로 보내는 것과 같다. 그러므로 그대들은 뱀처럼 지혜롭고 비둘기처럼 순수해져야 한다." (마태복음 10:16)

95 '뱀'은 '지혜'를 상징하니 '무지'를 타파함이요, '비둘기'는 '순수함'을 상징하니 '아집'을 타파함이다.
"주 하나님께서 만드신 들짐승 가운데 '뱀'이 가장 간교하였다." (창세기 3:1)
"옛날 자공子貢이 공자님께 묻기를 '선생님께서는 성인(聖)이십니다.'라고 하니, 공자님께서 말씀하시길 '성스러움(聖)은 내가 능하지 못하다. 나는 다만 진리를 배움에 싫증 내지 않고, 진리를 가르침에 게으르지 않을 뿐이다.'라고 하셨다. 자공이 말하길 '진리를 배움에 싫증 내지 않음은 지혜로움(智)이며, 진리를 가르침에 게으르지 않음은 인자함(仁)이니, 인자하며 지혜로우시니 선생님께서는 이미 성인이십니다.'라고 하였다. 대저 '성인'은 공자님께서도 자처하지 않으셨는데 이 무슨 말인가?" (昔者子貢 問於孔子曰 夫子聖矣乎 孔子曰 聖則吾不能 我學不厭而敎不倦也 子貢曰 學不厭 智也 敎不倦 仁也 仁且智 夫子旣聖矣 夫聖 孔子不居 是何言也,『맹자』「공손추 상」)

_{40절}

아버지의 현존 안에 거하라[96]

예수님께서 말씀하시길 "포도 줄기가 '아버지'(본체)로부터 떨어져서 심겨져 있으니, 튼튼하지 못하여 뿌리째 뽑혀서 썩게 될 것이다."라고 하셨다.

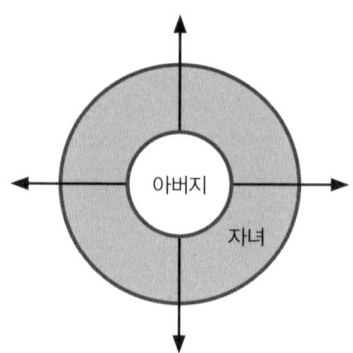

| 우리 존재의 중심인 아버지 |[97]

96 "나는 '포도나무'이며 그대들은 '가지'이니, 누구든지 그대들이 내 안에 있고 내가 그대들 안에 있으면, 그는 많은 열매를 맺게 될 것이다. 나를 떠나서는 그대들이 아무것도 할 수 없다. 나를 떠나간 사람은 잘려 나간 가지처럼 곧장 말라 버릴 것이다. 그러면 사람들이 그 가지들을 모아다가 불로 태워 버릴 것이다." (요한복음 15:5~6)

97 언제 어디서나 우리의 '중심'인 '아버지의 영원한 현존'(I AM)과 '하나'가 되어라!

41절

가진 자와
가지지 못한 자[98]

 예수님께서 말씀하시길 "손에 뭔가를 가지고 있는 자는 더 많이 받게 될 것이며, 아무것도 가지고 있지 않은 자는 가지고 있는 적은 것마저 빼앗기게 될 것이다."라고 하셨다.[99]

---

[98] "가지고 있는 자는 더 받아서 넉넉해지겠지만, 가지고 있지 않은 사람은 있는 것마저 빼앗기게 될 것이다." (마태복음 13:12)

[99] '하나님의 영'을 각성한 자는 '영적인 몸'까지 얻어 '영생'을 얻을 것이며, '하나님의 영'을 망각한 자는 '물질적 몸'까지 잃어버리게 될 것이다.

42절

나그네가 되어라

예수님께서 말씀하시길 "지나가는 나그네가 되어라.[100]"라고 하셨다.[101]

---

100 "이 세상에서 '나그네'로서 살아가는 동안, 두려움으로 지내십시오." (베드로전서 1:17)

101 세상에는 진정으로 쉴 곳이 없다. '참된 안식처'는 우리 내면의 시공을 초월한 '하나님의 영원한 현존'(I AM, 영원한 나의 현존)이다.

43절

당신은 누구십니까[102]

그분의 제자들이 그분에게 묻기를 "저희들에게 이러한 가르침을 주시는 당신은 누구십니까?"라고 하였다. "그대들은 내가 그대들에게 말하는 것을 듣고도, 내가 누구인지를 알아차리지 못하고 있다. 그대들은 오히려 유대인들과 같도다. 왜냐하면 그들은 '나무'는 사랑하되 '열매'는 미워하거나, '열매'는 사랑하되 '나무'는 미워하기 때문이다."[103]

---

102 "'좋은 열매'를 얻으려거든 '좋은 나무'를 길러라. 나무가 나쁘면 열매도 나쁘다. 열매를 보아 나무를 알 수 있다. 이 독사의 족속들아! 그렇게 악하면서 어떻게 선한 말을 할 수 있겠느냐? 결국 '마음'에 가득 찬 것이 '입'으로 나오는 법이다. 선한 사람은 선한 것을 마음에 쌓아 두었다가 선한 것을 내놓고, 악한 사람은 악한 것을 마음에 쌓아 두었다가 악한 것을 내놓는 것이 아니겠느냐." (마태복음 12:33~35)

103 '나쁜 나무'(악한 마음)는 사랑하면서 '나쁜 열매'(악한 행실)를 미워하는 짓은 어리석은 짓이며, '좋은 열매'(선한 행실)는 사랑하면서 '좋은 나무'(선한 마음)를 미워하는 짓도 어리석은 짓이다. '좋은 나무'를 사랑할 때 '좋은 열매'를 얻게 될 것이다. 좋은 열매를 얻으려거든 좋은 나무를 길러라! 나무와 열매를 모두 사랑하여, '선한 마음'에서 '선한 행실'이 나오는 분이 바로 예수님이다.

"소인이 한가로이 있을 때에 악한 짓을 함에 못하는 짓이 없다가, 군자를 본 뒤에 슬그머니 그 악한 짓을 숨기고 선함을 드러낸다. 남들이 그 사람을 봄에 폐부를 다 들여다보듯 할 것이니 무슨 유익함이 있겠는가. 이것을 일러 '속마음이 정성스러우면 밖으로 형체가 나타난다.'라고 하는 것이다. 그러므로 군자는 반드시 그 '자신만 홀로 아는 자리'(속마음)를 진실하게 하는 것이다." (小人閒居爲不善 無所不至 見君子而后 厭然揜其不善 而著其善 人之視己 如見其肺肝然 則何益矣 此謂誠於中形於外 故君子必愼其獨也, 『대학』)

"재앙이 있을 것이다. 너희 율법학자들과 바리새인들이여! 너희는 잔과 접시의 바깥만 깨끗이 하나, 그 안은 '탐욕'과 '방종'으로 가득 차 있도다. 눈먼 바리새인들이여! 먼저 잔의 '속'을 깨끗이 하여라. 그러면 '바깥'도 깨끗해질 것이다." (마태복음 23:25~26)

"숨겨 둔 것은 드러날 것이며, 감춰진 것은 알려질 것이다. 그대들이 어두운 곳에서 말한 것은 밝은 곳에서 들릴 것이며, 그대들이 안방에서 귀에다 속삭인 말은 지붕 위에서 선포될 것이다." (누가복음 12:2~3)

44절

성령을
모독하지 말라[104]

    예수님께서 말씀하시길 "'아버지'(성부)를 모독하는 자도 용서받을 것이다. '아들'(성자)을 모독한 자도 용서받을 것이다. 그러나 '성령'을 모독하는 자는 하늘에서나 땅에서나 용서받지 못할 것이다."라고 하셨다.[105]

---

104 "누구든지 '인자'(성자)를 모욕해도 용서를 받을 것이나, '성령'을 모욕한 자는 절대로 용서받지 못할 것이다." (누가복음 12:10)

105 ① '성부聖父'가 우주만유의 근원인 우주적 하나님을 말한다면, ② '성령聖靈'은 온 우주와 우리의 내면에서 역사하시는 하나님의 영을 말하며, ③ '성자聖子'는 성령의 진리를 온전히 구현한 '빛의 사람'을 말한다.
성령은 '우리의 본체'인 '영靈'(I AM)의 자리이니, 우리 에고의 '참나'가 되는 자리이다. 우리는 '성령의 각성'이 없이는 '하나님의 진리'를 이해하고 실천할 수 없으며, '영적인 육체'도 이룰 수 없다.

45절

속마음을 선하게 하라[106]

예수님께서 말씀하시길 "가시나무에서 포도를 수확할 수 없으며, 엉겅퀴에서 무화과를 수확할 수 없으니, 이는 그것들이 열매를 맺지 못하기 때문이다.

---

[106] "이 독사의 족속들아! 그렇게 악하면서 어떻게 선한 말을 할 수 있겠느냐? 결국 '마음'에 가득 찬 것이 '입'으로 나오는 법이다. 선한 사람은 선한 것을 마음에 쌓아 두었다가 선한 것을 내놓고, 악한 사람은 악한 것을 마음에 쌓아 두었다가 악한 것을 내놓는 것이 아니겠느냐." (마태복음 12:34~35)
"하나님께서, 당신의 풍성한 영광에 따라 '성령'을 통하여 여러분(성도)의 '속사람'(성령으로 거듭난 영혼, 양심의 혼)을 강건하게 해 주시길 기도합니다." (에베소서 3:16)
"우리는 낙심하지 않으니, '겉사람'(육체를 따르는 혼, 욕심의 혼)은 시들어 가나 우리의 '속사람'(성령을 따르는 혼, 양심의 혼)은 날로 새로워집니다." (고린도후서 4:16)
"누구든지 그리스도 안에 있으면 '새로운 피조물'(새사람)입니다. 옛 것은 지나갔으니, 보십시오. '새 것'이 되었습니다." (고린도후서 5:17)

선한 사람들은 그들이 쌓아 놓은 것에서 선한 것을 내놓는다. 그리고 악한 사람들은 그들이 마음에 쌓아 놓은 것에서 악한 것을 내놓고, 악한 것들을 말한다. 이는 그 마음으로 넘쳐나는 것으로부터, 그들이 악한 것을 내놓기 때문이다."라고 하셨다.

"'성령의 열매'는 ① 사랑 ② 기쁨 ③ 평화 ④ 인내 ⑤ 자비 ⑥ 선량 ⑦ 성실 ⑧ 온유 ⑨ 절제이니, 어떠한 법도 이것들에 저항하지 못합니다. 그리스도 예수님께 속한 사람들은 자신의 육체와 함께 욕정과 욕심을 십자가에 못 박았습니다. 우리는 '성령'으로 살아가니 성령을 따라갑시다!" (갈라디아서 5:22~25)
"여러분은 '육체의 욕심'에 따라 살아가는 구습에 젖은 '옛사람'을 버리고, '혼'과 '영'을 새롭게 하여, '하나님의 형상'(진리의 형상)에 따라, 진정한 '정의'(義)와 '진리'(理)의 거룩함으로 지으심을 받은 '새사람'(성령으로 거듭난 영혼, 속사람)을 입어야 합니다." (에베소서 4:22~24)

46절

갓난아이가 되어라

예수님께서 말씀하시길 "아담에서 세례 요한에 이르기까지, 여자에게서 태어난 사람들 중에 '세례 요한'보다 더 큰 사람이 없다. 그러니 그에게서 눈길을 돌려서는 안 된다.

그러나 나는 말하노니, 그대들 중에 '갓난아이'[107]가 된 자는 누구나

---

107 '갓난아이'는 나와 남을 둘로 나누지 않는, '성령' 안에서 '하나가 된 존재'(칭의의 경지)와 이원성을 초월하여 '영적 부활'을 이루어 거듭난 존재(영화의 경지)를 상징한다.
"대인은 갓난아이의 마음을 잃어버리지 않는 자이다." (大人者 不失其赤子之心者也, 『맹자』 「이루 하」)
"내가 아는 것이 있는가? 나는 모를 뿐이다!" (吾有知乎哉 無知也, 『논어』 「자한 子罕」)
"'덕德'을 두텁게 머금은 자는 '갓난아이'와 비슷하다. 벌·전갈·독사가 쏘지 않고, 사나운 짐승이 덤비지 않으며, 사나운 새가 공격하지 않는다." (含德之厚 比於赤子 蜂蠆虺蛇不螫 猛獸不據 攫鳥不搏, 『노자』)

'그 왕국'을 깨닫게 될 것이며, 요한보다 더 위대하게 될 것이다."라고 하셨다.[108]

---

[108] "인간 세상의 군자는 하늘나라의 소인이다." (人之君子 天之小人也, 『장자』「대종사」)

47절

두 주인을 섬길 수 없다[109]

예수님께서 말씀하시길 "사람이 두 마리의 말을 동시에 탈 수 없고, 두 개의 활을 동시에 구부릴 수 없다. 그리고 한 종이 동시에 두 주인을 섬길 수 없다. 그렇지 않으면 한 사람은 공경하고, 다른 한 사람은 무시하게 된다. 아무도 잘 익은 포도주를 마시고 즉시 새로 담근 포도주

---

[109] "어떤 사람도 두 주인을 섬길 수는 없다. 한 주인을 미워하고 다른 주인을 사랑하거나, 한 주인을 존중하고 다른 주인을 무시하게 된다. 그대들은 '하나님'과 '황금'을 모두 섬길 수 없다." (마태복음 6:24)
"그때에 요한의 제자들이 예수님께 나와 말하길 '우리와 바리새인들은 금식하는데 어찌하여 당신의 제자들은 금식하지 않습니까?'라고 하였다. 예수님께서 그들에게 이르시길 '혼인집 손님들이 신랑과 함께 있을 동안에 슬퍼할 수 있는가? 그러나 신랑을 빼앗길 날이 이를 것이니 그때에는 금식할 것이다. 새 천 조각을 낡은 옷에 붙이는 자가 없나니, 이는 기우려고 댄 천 조각이 그 옷을 당기어 더 찢어지게 되기 때문이다. 새 포도주를 낡은 가죽 부대에 넣지 않으니, 그렇게 하면 부대가 터져 포도주가 쏟아지고 부대도 버리게 되기 때문이다. 새 포도주는 새 부대에 넣어야 둘 다 보전된다.'라고 하셨다." (마태복음 9:14~17)

마시기를 원하지 않는다.[110]

새로 담근 포도주는 낡은 부대에 넣지 않으니, 부대가 찢어질 수 있기 때문이다. 오래된 포도주를 새 부대에 넣지 않으니, 부대를 망칠 수 있기 때문이다. 낡은 천 조각을 새 옷에 대고 꿰매지 않으니, 그것이 찢어지게 만들기 때문이다.[111]"라고 하셨다.

---

110 성령을 따를 것인가? 욕망을 따를 것인가? 잘 익은 포도주를 마실 것인가? 새로 갓 담근 포도주를 마실 것인가?
"진실로, 진실로, 내가 그대들에게 이르노니, 죄를 범하는 사람들은 모두 '죄의 종'이다. 종은 그 집에 오래도록 머물 수 없으나, 아들은 언제나 머물 수 있다." (요한복음 8:34~35)
"'사람의 마음'(人心, 욕심, 겉사람, 에고의 마음)은 오직 위태로울 뿐이며, '도의 마음'(道心, 양심, 속사람, 진리의 마음)은 오직 미묘할 뿐이다. 오직 (도심에) 정밀하고 오직 한결같다면(精一), 진실로 그 '중심'(中)을 잡을 수 있을 것이다." (人心惟危 道心惟微 惟精惟一 允執厥中,『서경』「대우모大禹謨」)
"사람의 마음은 '하나'이니, '천리天理'(양심)가 보존되면 '인욕人欲'(비양심, 악심)이 사라진다. 인욕이 우세하면 천리가 사라진다. 천리와 인욕이 서로 섞이는 경우는 없으니, 학자는 마땅히 여기에 대해 체득하여 인가하고 성찰하여야 할 것이다." (人之一心 天理存 則人欲亡 人欲勝 則天理滅 未有天理人欲夾雜者 學者須要於此體認省察之,『주자어류』)

111 ① '칭의·성화' 차원의 해석 :
'새 술'(성령으로 거듭난 영혼)은 '낡은 부대'(기존 율법)가 아닌 '새 부대'(복음적 율법, 성령이 내면에서 인도하는 율법, 양심의 율법)에 담아야 한다. '낡은 천 조각'(기존 율법)을 '새로운 천'(복음적 율법)에 꿰맬 수 없다. 낡은 율법으로 새로운 성령의 율법을 재단하지 말라!
② '영화' 차원의 해석 :
'새 술'(성령으로 거듭난 영혼)은 '새 부대'(성령으로 거듭난 영적 육체)에 담가야 둘 다 보존된다. '낡은 천 조각'(썩어 없어질 육체)을 '새로운 천'(거듭난 불멸의 육체)에 꿰맬 수 없다. 온전히 새로운 육체로 거듭나라!

48절

산을 움직이는 권능[112]

예수님께서 말씀하시길 "만약 한 집에서 두 사람이 서로 화평하게 된다면, 그들이 산에게 '여기에서 움직여라!'라고 말한다면, 산이 움직일

---

[112] "그대들의 믿음이 적은 연고이다. 진실로 그대들에게 이르노니, 그대들에게 겨자씨 한 알만큼의 '믿음'만 있으면 이 산에게 명령하여 여기서 저기로 옮기라고 하여도 옮겨질 것이다. 그대들이 못할 것이 없을 것이다." (마태복음 17:20)
'믿음'(성령과의 합일)을 통해 '성령'과 하나가 되면, 인간으로서 불가능한 것을 '하나님의 권능'으로 이룰 수 있다. 믿음이 없는 것이 아니라 적은 것이 문제이니, 믿음을 키우면 된다. 성령의 체험이 없는 것이 아니라(성령의 세례), 믿음이 약함이 문제이다. 제자들에게는 이미 성령이 임하였다. 그러나 그것은 성령이 주는 '평안'과 '진리' 안에서 끊어짐 없이 함께하는 온전한 세례가 아니었다.
제자들은 '오순절의 성령 세례'(성령의 온전한 세례, 모든 사람들에게 성령의 강림을 입증)를 통해, 성령 안에 오롯이 안주하게 되어 믿음이 확고해졌으며 그리스도가 주는 '평안'(기쁨과 감사) 안에 거하고 그리스도가 가르쳐 주셨던 '진리의 말씀'을 이해할 수 있게 되었다(칭의). 그리고 하나님의 형상인 '진리의 말씀'에 안주하는 '하나님의 거룩한 자녀'(성화)로 나아가게 되었다. 사도 바울도 성령 체험 후 3년간 다메섹에 머물다가, 예루살렘에 가서 베드로와 야고보를 만났다.

것이다."라고 하셨다.¹¹³

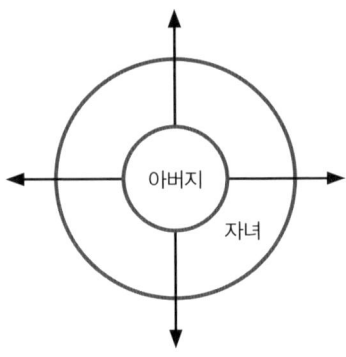

| 父(성령)와 子(에고)의 화합 |¹¹⁴

---

113 아무리 한 집안 식구라고 하여도, 서로 다른 '두 에고'는 '하나의 성령' 안에서만 '진정한 화평'을 이룰 수 있다. 그러니 한 집안 안에서 화평을 이룬 이는, '믿음'으로 '성령의 현존'(I AM)과 하나가 된 존재이다. 성령과 하나가 된 존재들은 성령이 지닌 하늘의 권능을 구현할 수 있다.

114 "내가 아버지 안에 있고 아버지께서 내 안에 계시다는 것을 그대들은 믿지 않느냐? 내가 그대들에게 하는 말은 나 스스로 하는 말이 아니다. 내 안에 머무르시는 아버지께서 당신의 일을 하시는 것이다." (요한복음 14:10)
"내가 그대들에게 말한다. 청하여라, 그대들에게 주실 것이다. 찾아라, 그대들이 얻을 것이다. 문을 두드려라, 그대들에게 열릴 것이다. 누구든지 청하는 이는 받고, 찾는 이는 얻고, 문을 두드리는 이에게는 열릴 것이다. 그대들 가운데 어느 아버지가 아들이 생선을 청하는데, 생선 대신에 뱀을 주겠느냐? 달걀을 청하는데 전갈을 주겠느냐? 그대들이 악해도 자녀들에게는 좋은 것을 줄 줄 알거든, 하늘에 계신 아버지께서야 당신께 청하는 이들에게 '성령'을 얼마나 더 잘 주시겠느냐?" (누가복음 11:9~13)

49절

하나가 되어
선택받은 자

예수님께서 말씀하시길 "'하나'가 되어 선택받은 자는 축복받을 것이다. 그들이 '그 왕국'을 발견할 것이기 때문이다. 그대들은 그 자리에서 왔으며, 그 자리로 다시 돌아갈 것이다."라고 하셨다.[115]

---

115 '하나'가 되었다는 것은, 모든 이원성을 초월하여 '하나의 성령'(I AM)과 하나가 되어 안주한다는 것이다. 이것은 '아버지'와 하나가 되어 아버지로부터 선택을 받은 것이고, '아버지의 왕국'을 발견한 것이다. 그 자리야말로 우리의 고향이다. 우리는 '하나'에서 나오고 '하나'로 돌아간다. 시작된 자리가 끝날 자리이다. 우리는 '하나'(순수한 나의 현존)에 뿌리를 두고 살아간다. '순수한 나의 현존'(I AM)이 우리의 뿌리 자리이며, 우리의 아버지 자리, '하나님의 왕국'이다.

50절

우리는 빛으로부터 왔다[116]

예수님께서 말씀하시길 "만약 그들이 그대들에게 '그대들은 어디서 왔는가?'라고 묻는다면, '우리는 빛(영원한 나의 현존, I AM)으로부터 왔다! 빛이 저절로 생겨나는 자리, 빛이 확고한 자리, 빛이 그들의 형상들(하나님의 형상, 아버지의 진리)을 나타낸 자리에서 왔다!'라고 대답하라.

만약 그들이 그대들에게 '그 빛이 바로 그대들인가?'라고 묻는다면, '우리는 그 빛의 자녀들이다[117]. 그리고 우리는 살아 계신 아버지의 선택을 받은 자이다![118]'라고 대답하라.

---

116 "그대들에게 아직 '빛'이 있을 동안에 '빛'을 믿어라! 그리하면 '빛의 자녀'(하나님의 자녀, 성령으로 거듭난 성도聖徒)가 될 것이다." (요한복음 12:36)
117 "여러분은 한때 '어둠'이었지만, 지금은 주님 안에 있는 '빛'입니다. '빛의 자녀'답게 살아가십시오. '빛의 열매'는 일체의 선함과 정의로움, 진실함입니다. 주님을

만약 그들이 그대들에게 '그대들 속에 그대들의 아버지가 계시다는 증거가 무엇이냐?'라고 묻는다면, '그것은 움직임과 쉼이다![119]'라고 대답하라."라고 하셨다.

    기쁘게 하는 일이 무엇인지 부지런히 찾으십시오." (에베소서 5:8~10)
    하나님의 아들인 '성자 그리스도'(사랑의 진리이자, 우리를 구원하기 위해 오신 진리의 구현자)를 믿으며, 하나님의 영인 '성령'(본질의 천국)에 안주하고, 하나님의 형상인 '그리스도의 진리'(사랑·양심의 진리, 예수 그리스도를 통해 영·혼·육으로 구현된 진리, 천국의 완전한 법)에 순종하여, 하나의 성령 안에서 성부·성자와 하나로 연합하고, '하나님의 성전'(현상의 천국, 성령의 진리가 구현된 혼과 육의 세계)에 거하는 하나님의 자녀인 '거룩한 성도'를 말한다.

118 '빛'은 '하나님'(I AM)이며, '빛의 자녀'는 '하나님을 본질로 삼는 혼과 육을 지닌 에고'이다. 우리는 모두 하나님을 뿌리로 하여 존재하니, 존재하는 모든 이들은 본래부터 모두 하나님의 선택을 받은 자들이다.

119 움직이고 쉴 수 있는 것은 모두 하나님의 권능이다. 하나님은 우리 존재의 본질이다.
    "우리는 모두 '하나님' 안에서 숨 쉬고 움직이고 있습니다. 이것은 어떤 사람들의 말과 같이 우리가 '하나님의 자녀'이기 때문입니다." (사도행전 17:28)
    '성령의 세례'를 받지 않았더라도, 우리 모두는 이미 '성령'(하나님의 영) 안에서 살아가고 있다.

51절

하나님의 왕국은 이미 왔다

    그분의 제자들이 그분에게 묻기를 "언제쯤이나 죽은 사람들을 위한 안식이 이루어지겠습니까? 언제쯤이나 새로운 세상이 오겠습니까?"라고 하였다.

    그분께서 그들에게 말씀하시길 "그대들이 기다리고 있는 것은 이미 왔다! 그러나 그대들은 모르고 있다."라고 하셨다.[120]

120 제자들은 '현상의 하나님의 왕국'을 찾고 있으나, 예수님은 '본질의 하나님의 왕국'을 곧장 가르치신다. 천지만유의 본질인 '하나님의 왕국'은 이미 우리 곁에, 우리의 '혼과 육' 안에 내려와 있다. 우리 내면의 분별을 초월한 '영원한 나의 현존'(I AM, 영)이야말로 모든 존재(생각·감정·오감)의 뿌리인 하나님의 왕국이다. 태초 이래 늘 고요한 '영원한 나의 현존'이야말로 '영원한 안식처'이다!
"남전南泉이 이 소식을 듣고 말하였다. '내가 늘 그에게, "천지가 생겨나기 이전인 공겁空劫 이전에 깨달아야 한다."고도 말하였고, "부처가 세상에 나오기 전에 알아야 한다."고도 말했었다. 그런데 그는 한 개 아니 반 개도 알아차리지 못한 것 같다. 이런 식이라면 그는 당나귀 해가 될 때까지 기다려야 할 것이다.' (시공을 초월한 영원한 안식처를 깨달아라!)" (南泉聞云 我尋常向他道 空劫以前承當 佛未出世時會取 尙不得一箇半箇 他恁麽驢年去, 『종용록』)

52절

지금 여기 현존하는 이와 함께하라

그분의 제자들이 그분에게 묻기를 "이스라엘에는 24명의 선지자들이 있는데, 그들이 모두 당신에 대해 이야기했습니다."라고 하였다.

그분께서 그들에게 말씀하시길 "그대들은 그대와 같이 현존하는 사람은 무시하면서, 죽은 사람들에 대해 말하고 있다."라고 하셨다.

53절

영혼의 할례가 유익하다

그분의 제자들이 그분에게 묻기를 "할례는 유익합니까? 아니면 그렇지 않습니까?"라고 하였다.

그분께서 그들에게 말씀하시길 "만약 할례가 유익하다면, 아버지께서 그들의 어머니로부터 태어날 때부터 이미 할례가 되어 있도록 만드셨을 것이다. 오히려 '영혼의 진정한 할례'(성령에 의한 영혼의 거듭남)는 모든 면에서 유익하다."라고 하셨다.[121]

---

[121] "예수 그리스도 안에서 '할례'를 받았느냐, 받지 않았느냐는 중요하지 않습니다. '사랑'으로 실천하는 '믿음'만이 중요합니다." (갈라디아서 5:6)
"겉만 갖추었다고 참된 유대인이 아닙니다. 육체에 겉으로 드러난 것이 참된 할례가 아닙니다. 속으로 유대인인 사람이 참된 유대인이고, 문자가 아니라 '성령'에 의해 이루어진 '마음의 할례'(마음의 껍데기를 벗겨 냄)가 참된 할례입니다. 그는 사람이 아니라 하나님께 칭찬을 받습니다." (로마서 2:28~29)

54절

가난한 자들이여 축복받을 것이다[122]

예수님께서 말씀하시길 "가난한 자들이여 축복받을 것이다! '하나님의 왕국'이 그대들에게 속해 있기 때문이다."라고 하셨다.

---

[122] "영이 가난한 자들(양심에 걸려 세상 것에 대해 악착같지 못한 자들, 세상 것에 대한 욕심과 집착이 적은 자들)은 축복받을 것이다. '하늘의 왕국'이 그들의 것이다." (마태복음 5:3)

55절

나처럼 십자가를 져라[123]

예수님께서 말씀하시길 "누구든지 아버지와 어머니를 미워하지 않는 자는 나의 제자가 될 수 없다. 누구든지 형제와 자매를 미워하지 않고,[124] 내가 하듯이 '십자가'(하나님의 진리)를 지지 않고서는,[125] 나에게 합당하지 않을 것이다."라고 하셨다.[126]

---

[123] "내가 세상에 '평화'를 주러 온 줄로 생각하지 말라. 평화가 아니라 '검'을 주러 왔다. 내가 온 것은 아들이 아버지와, 딸이 어머니와, 며느리가 시어머니와 불화하게 하기 위해서이다. (혈육의 자녀를 하나님의 자녀로 거듭나게 함) 사람의 원수가 자기 집안 식구가 될 것이니, 아버지나 어머니를 나보다 더 사랑하는 자는 내게 합당하지 않고, 아들이나 딸을 나보다 더 사랑하는 자도 내게 합당치 않다. 또 '자신의 십자가'(하나님의 진리, 십자가의 진리)를 지고 나를 따르지 않는 자도 내게 합당하지 않다. 자신의 생명(육신의 생명)을 얻으려는 자는 생명을 잃을 것이요, 나를 위하여 자신의 생명을 버리는 자는 생명(영원한 생명)을 얻을 것이다." (마태복음 10:34~39)

"예수님께서 그분의 제자들에게 말씀하시길 '나를 뒤따르고자 하는 사람들은, 자신을 버리고 자신의 십자가를 지고 나를 따라와야 한다.'라고 하셨다." (마태복음 16:24)

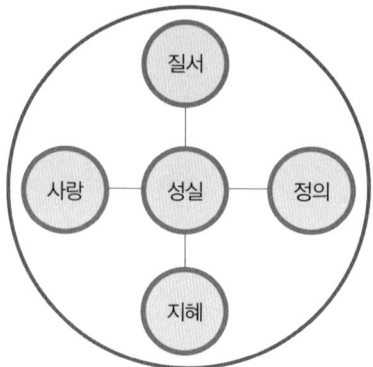

| 하나님의 형상, 십자가의 진리 |

124 '혈육의 자녀'에서 '하나님의 자녀'로 거듭나야 한다.

125 '자신' 즉 에고를 내세우지 말고(극기克己, 에고의 욕심을 다스림) '십자가' 즉 하나님의 진리를 따라야 한다(복례復禮, 하나님의 질서와 명령에 순종). 죄인들이 자신을 못 박을 형틀인 '십자가'를 스스로 지듯이, 하나님의 자녀들은 에고의 죄악을 못 박을 '진리의 십자가'를 스스로 져야 한다.

126 "불자들이여, '보살'(1지 보살)이 비로소 이러한 마음을 발하면, 곧 '범부'의 경지를 초월하여 '보살'의 자리에 들어가서, '여래의 가문'에 태어나게 된다. (여래의 자녀가 되어) 그 종족의 허물(범부의 자녀의 허물)을 말할 수 없게 되니, 세간의 무리를 떠나서 '출세간의 길'에 들어간다." (佛子 菩薩始發如是心 卽得超凡夫地 入菩薩位 生如來家 無能說其種族過失 離世間趣 入出世道, 『화엄경華嚴經』)

56절

세상을 깨닫고
주검을 발견하라

예수님께서 말씀하시길 "누구든지 '세상'을 깨닫게 되면 '주검'을 발견하게 될 것이며,[127] 누구든지 주검을 발견한 자에게는 세상은 더 이상 합당하지 않다."라고 하셨다.[128]

---

[127] '거친 육체'는 바로 주검이며 시체이다. '세상'과 '몸'은 본래 한 세트이다. 이 둘은 영원하지 못하다. 이 둘을 초월해야 진정한 '영생'을 얻을 수 있다.
"내가 처한 '세상'과 내 '몸'은 둘이 아니니, 미혹하면 '번뇌·생사'요, 깨치면 '보리·열반'이다." (倚正不二 迷之則煩惱生死 悟之則菩提涅槃, 『대각국사문집大覺國師文集』)

[128] 누구든지 참된 '영·혼·육의 비밀'을 깨우쳐, '영적 베일'을 치우고 '하나님의 빛'인 '참된 영'을 온전히 각성하고(칭의稱義), '혼'을 지혜·사랑·선행으로 정화하며(성화聖化), '불멸의 영적 육체'를 얻은 이는(영화榮華), '세상의 왕국'의 실체를 깨닫고 '하나님의 왕국'을 깨닫게 된다. 그에게 '세상'과 세상의 구성 요소인 '거친 지수화풍地水火風'으로 이루어진 우리 '육신' 즉 '시체'는 한 세트일 뿐이다. 이러한 물질적인 것들은 영생을 얻은 이에게 더 이상 합당하지 않다. 그는 '미세한 지수화풍'으로 이루어진 '불멸의 영적 육체'와 한 세트인 '천국'에서 영원히 살아가게 될 것이다.

"(소크라테스) '영혼'은 신적이며 불멸이며 예지적이며 한결같은 것인데 반하여, '육체'는 인간적이고 사멸하며 비예지적이며 다양한 것이다. 우리가 정신을 차리고 고요히 관조하는 때는 순수하고 영원하고 불멸하며 또 불변하는 것의 세계로 향하는 것이다. 이것(신적인 것)은 영혼과 동질적인 것이니, 영혼이 정신을 차리기만 하면 항상 이것과 함께할 수 있다. 그렇게 되면 영혼은 잘못된 길에 들어가는 것을 그치게 되고 불멸하는 것과 사귐으로써 그 자신이 불변하는 것이 된다. 영혼의 이러한 상태를 '지혜'라고 하는 것이다." (플라톤『파이돈』)

"(소크라테스) 오직 영혼을 불멸의 존재로 만드는 '철학'을 닦아서, 육체에서 완전히 해탈하여 모든 욕망에서 청정해진 존재만이, '신들이 사는 세계'에 들어가서 신들과 함께 살 수 있다." (『파이돈』)

"진실로 능히 곡식을 끊고 홀로 음양의 기운을 포식할 수 있다면, '땅으로 통하는 문'(地戶)은 닫히고 '하늘로 통하는 문'(天門)은 열릴 것이니 어찌 평지에서 신선이 되어 올라가는 것이 불가능하겠는가?" (苟能辟穀 獨飽此陰陽氣 則地戶閉 天門開 豈不可平路登仙乎,『용호비결龍虎秘訣』)

57절

추수하는 날 뽑혀 태워질 가라지[129]

예수님께서 말씀하시길 "'아버지의 왕국'은 좋은 씨를 가지고 있는 한 사람의 경우와 같다. 그의 적들이 한밤중에 와서, 좋은 씨들 사이에 가라지를 뿌렸다. 그 사람은 일꾼들에게 가라지를 뽑으라고 하지 않고, 그들에게 '가라지를 뽑지 마라! 그렇지 않으면 그대들은 가라지를 뽑으려다가 밀까지 함께 뽑게 될 것이다.'라고 하였다. 추수하는 날 가라

---

129 "좋은 씨를 뿌리는 이는 '인자'요, 밭은 '세상'이요, 좋은 씨는 '하늘의 왕국의 자녀들'이요, 가라지는 '악한 자의 자녀들'이요, 가라지를 심은 원수는 '마귀'요, 추수 때는 '세상 끝'(심판의 날)이요, 추수꾼은 '천사들'이다. 가라지를 따로 추려내어 불에 사르는 것처럼, 세상 끝에도 그러할 것이다. 인자가 천사들을 보낼 것이니, 그들이 다른 사람을 넘어지게 하는 자들과 불법을 행하는 자들을 따로 추려 내어 거두어 풀무 불에 던져 넣을 것이다. 그들은 거기서 울며 이를 갈 것이다. 그때에 의인들(하나님 자녀)은 자기 아버지의 왕국에서 태양처럼 빛날 것이다. 귀 있는 자는 들으라." (마태복음 13:37~43)

도마복음

지는 분명하게 드러나서, 뽑혀 태워질 것이다."라고 하셨다.

58절

고통을 참고 생명을 찾아라

예수님께서 말씀하시길 "고통을 받으며 생명을 찾은 자들은 축복받을 것이다."라고 하셨다.[130]

---

[130] '하나님의 왕국'을 따르는 삶은, '혈육의 자녀'에서 '하나님의 자녀'로 거듭나야 하니 '에고'에게는 고통스럽다. 그러나 에고가 거듭남의 고통을 겪지 않고서는 '참나' 즉 '하나님의 영'과 하나가 될 수 없다. 그러니 그러한 고통을 감수하고 '참 생명'을 찾는 이들은 축복받을 것이다.

59절

살아 있는 동안 살아 계신 분을 보라

예수님께서 말씀하시길 "그대들이 살아 있는 동안에, '살아 계신 분'을 보라! 그렇지 않으면 그대들은 죽게 될 것이다. 그러면 살아 계신 분을 보고자 하여도 볼 수 없을 것이다."라고 하셨다.[131]

---

131 우리 내면에는 '영원히 살아 있는 자리' '영생의 자리'가 있다. 그 자리는 바로 '하나님의 영원한 현존'이다. 살아서 이 자리를 보고 깨달으면 '영생'을 얻어 '죽음'을 맛보지 않을 것이며, 살아서 이 자리를 깨닫지 못하면 '죽음'을 맞이하게 될 것이다. 영생은 살아 있는 '지금 여기'에서 얻어야 한다.
"만약 배우는 이가 이 안에 담긴 참된 의미를 깨닫는다면, 이 육신을 벗어나고 다시 육신으로 들어오고 하는 것이, 마치 여관방을 출입하는 것과 같다는 것을 알게 될 것이다. 혹시 이런 경지가 아니거든 절대로 망령되게 날뛰지 말라. 갑자기 육신의 지수화풍이 한번 흩어지고 나면, 끓는 물에 던져진 게의 일곱 팔, 여덟 발과 같은 신세가 될 것이다. 그때 가서 말해 주지 않았다고 한탄하지 말라."『무문관』)

60절

살아서
영생을 얻어라

    그분께서 한 사마리아인이 '양'을 가지고 유대 땅으로 가는 것을 보았다. 그분께서 그분의 제자들에게 말씀하시기를 "저 사람이 양을 끌고 간다."라고 하셨다. 그들이 그분께 말하기를 "그는 양을 죽여서 먹으려는 것입니다."라고 하였다.

    그분께서는 그들에게 말씀하시기를 "그는 양이 살아 있는 동안에는 먹지 않을 것이다. 양을 죽여야만 주검이 될 것이다."라고 하셨다. 그러자 그들이 말하기를 "그렇지 않으면 그가 먹을 수 없습니다."라고 하였다. 그분께서 제자들에게 말씀하시기를 "그대들도 마찬가지이다. '자신의 안식처'를 찾아라! 그렇지 않으면 그대들도 '주검'이 되어 먹힐 것이다."라고 하셨다.[132]

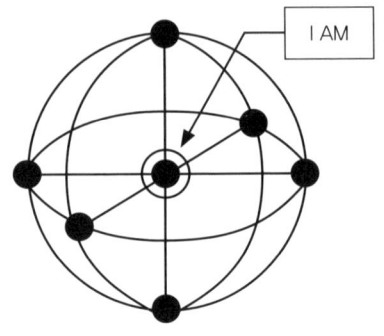

| 하나님의 안식처 |

132 살아서 죽지 않는 법을 얻어야 한다. 그렇지 않으면 '죽음의 신'이 찾아왔을 때 주검이 되어 먹힐 것이다. 살아 있는 동안, 영원히 현존하는 '자신의 안식처'인 '영원한 나의 현존'(I AM, 성령)을 찾아라! 절대로 죽을 수 없는 그 자리를 찾아야 한다. 그래야만 '죽음'을 초월하여 '영생'을 얻을 수 있다. 죽음이 이르기 전에 죽음을 극복해야 한다.

"진실로 그대들에게 이르노니, 누구든지 내 말을 듣고 따르면 영원히 '죽음'을 맛보지 아니할 것이다." (요한복음 8:51)

"내가 그대들에게 '영생'을 주노라." (요한복음 10:28)

"나는 '부활'이요 '생명'이니, 나를 믿는 자는 죽어도 죽지 않고 살 것이다. 또 살아서 나를 믿는 자는 영원히 '죽음'을 맛보지 않을 것이다." (요한복음 11:25~26)

"그런데 '생명'을 잘 지키는 사람은 육지를 다녀도 코뿔소와 호랑이를 만나지 않으며, 전쟁터에 들어가더라도 갑옷 입은 병사에게 해를 입지 않는다. 코뿔소는 뿔로 들이받을 곳이 없고, 호랑이는 발톱으로 할퀼 곳이 없으며, 병사는 칼날로 찌를 곳이 없다. 대저 무슨 이유인가? 죽을 자리가 없기 때문이다." (蓋聞善攝生者 陸行不遇兕虎 入軍不被甲兵 兕無所投其角 虎無所措其爪 兵無所容其刃 夫何故 以其無死地, 『노자』)

61절

나는 온전한 자리에서 온 사람이다

예수님께서 말씀하시길 "두 명이 한 침상에 누워있으나, 한 명은 죽고 한 명은 살 것이다."라고 하셨다.[133]

---

[133] "인자가 임할 때(심판의 날)도 이와 같을 것이다. 그때에 두 사람이 밭에서 있어도, 한 명은 데려가고 한 명은 버려둘 것이다. 두 여자가 맷돌을 갈고 있어도, 한 명은 데려가고 한 명은 버려둘 것이다. 그러므로 깨어있어라! 어느 날에 그대들의 주님이 임할지 모르기 때문이다." (마태복음 24:39~42)
"십자가에 매달린 죄수 중 하나는 비방하여 이르길 '그대가 그리스도가 아니냐? 너와 우리를 구원해 보라.'라고 하였다. 그러자 한 죄수는 그 사람을 꾸짖어 이르길 '네가 동일한 정죄를 받고서도 하나님을 두려워 아니하느냐? 우리는 우리가 행한 일에 합당한 보응을 받는 것이니 당연하지만, 이분은 아무런 죄가 없다.'라고 하였다. 그리고 예수님을 향하여 이르길 '예수여, 당신의 나라에 임하실 때에 저를 생각하십시오!'라고 하였다. 그러자 예수님께서 이르시길 '내가 진실로 그대에게 이르노니, 오늘 그대가 나와 함께 낙원에 있을 것이다!'라고 하셨다." (누가복음 23:39~43)

살로메가 묻기를 "주여, 당신은 누구십니까? 당신은 마치 특별한 분으로부터 오신 것처럼, 나의 침상에 누워 계셨고, 나의 식탁에서 식사를 하셨습니다."라고 하였다.

예수님께서 그녀에게 말씀하시길 "나는 '온전한 자리'에서 온 사람이니, 나는 내 아버지의 모든 것을 허락받았다."라고 하셨다. "저는 당신의 제자입니다." "그러므로 내가 말하노라. 만약 '하나'가 온전하면 '빛'으로 가득 찰 것이다. 만약 하나가 쪼개진다면 '어둠'으로 가득 찰 것이다."[134]

---

[134] '온전한 자리'는 '빛'인 '하나님'(I AM, 영원한 나의 현존)이며, 성자 그리스도는 '온전한 빛의 자녀'이다. 그러니 아버지의 모든 것을 허락받았다. 그의 제자도 성자 그리스도를 본받아 '온전한 자리'에서 온 자녀가 되어야 한다. 그러려면 무엇보다 '하나'(I AM) 즉 '빛'과 하나가 되어야 한다. 그래야 '빛의 자녀'가 될 수 있다. '하나'(성령)를 깨달은 '하나님의 자녀'는 영생을 얻을 것이요, '욕정'을 따르는 '혈육의 자녀'는 파멸을 얻을 것이다.

62절

비밀스러운 가르침[135]

예수님께서 말씀하시길 "나는 '비밀스런 가르침'에 합당한 자들에게 나의 비밀스런 가르침을 드러낼 것이다. 그대의 오른손이 하는 일을 왼손이 모르게 하라."라고 하셨다.[136]

---

135 "사람들에게 보이려고 그들 앞에서 '정의'를 행하지 않도록 주의하라! 그대들이 그렇게 한다면, 그대들은 하늘에 계신 그대들의 아버지로부터 보상을 받지 못할 것이다. 그러므로 그대들이 '자선'을 베풀 때에는, 위선자들이 사람들에게 칭찬을 받으려고 회당과 거리에서 하듯이, 스스로 나팔을 불지 마라! 내가 그대들에게 진실을 말하노니, 그들은 이미 충분히 보상을 받았다. 그대들이 자선을 베풀 때에는 오른손이 하는 일을 왼손이 모르게 하라! 그렇게 하여 그대들의 자선을 숨겨 두어라. 그러면 은밀한 것도 보시는 그대들의 아버지께서 그대들에게 갚아 주실 것이다." (마태복음 6:1~4)
자선(보시)을 베풀되, 나와 남을 구별하는 '에고의 마음'이 아니라 나와 남을 둘로 보지 않는 '성령의 마음'으로 베풀어야 한다. 그러한 자선(보시)은 우리가 한 것이 아니다. 우리 안에서 '하나님의 영'이 '하나님의 뜻'에 따라 '하나님의 권능'으로 역사하신 것이다. 이러한 '참된 자선'(보시바라밀)을 행하면 행할수록 우리 안에 존재하는 '하나님의 영'은 점점 밝아진다.

'하나님의 영'이 점점 밝아짐이 바로 '보물'(공덕)이 쌓여 감이다. 이 보물이 쌓여 가면 우리는 '무한한 축복'(무량한 공덕)을 받게 될 것이다. 이 보물 외에 다른 보물을 쌓지 마라. 나머지는 모두 도둑맞고 녹이 슬 보물들이다. 무상한 지상의 보물에 마음을 주지 말고, '하늘의 보물' '영원한 보물'에 마음을 주어라. '참된 자선'이 '사도가 되는 비결'이듯이, '보시바라밀'은 '보살이 되는 비결'이다.

136 나와 남을 구별하지 않고 초월하면, 우리는 '사랑'을 통해 곧장 일체의 이원성을 초월한 '하나'의 자리인 '순수한 나'(I AM, 하나님 아버지)에 도달할 것이다! 그리고 그 자리에서 내가 당하기 싫은 것을 남에게 가하지 않고, 내가 받고 싶은 것을 남에게 베푸는 '참된 사랑'을 펼칠 수 있다.

오직 한 분 하나님과 하나가 되라(경천敬天)! 이렇게 하나님 안에 안주하고 보면 모든 인류는 '하나'가 된다. 그러니 하나님과 하나가 되면 이웃을 내 몸으로 여기게 된다. 하나님을 사랑하는 마음으로 이웃을 사랑하라(애인愛人)! 나와 남을 '하나'로 여기는 상태에서, 빼기지 않는 자선, 대가를 바라지 않는 자선을 베풀어야만 '참된 사랑'이 된다. 이러한 '둘이 아닌 사랑'을 실천하는 것이야말로, '하나님의 왕국'에 들어가는 '비밀스런 가르침'이다.

"하나님은 '사랑'(나와 남을 하나로 여김)이십니다. '사랑' 안에 머무는 사람은 누구나 '하나님' 안에서 머물게 되고, 하나님께서도 그 사람 안에서 머무십니다." (요한1서 4:16)

"(형상에) 머무름이 없는 자리에 응하여 그 마음(형상)을 내어라!"(應無所住 而生其心, 『금강경』)

"(형상에) 머무름이 없는 자리에 응하여 보시를 행하라! 만약 보살이 형상에 머무르지 않는 보시를 행하면 그 복덕이 헤아릴 수 없을 것이다."(應無所住 行於布施 若菩薩 不住相布施 其福德 不可思量, 『금강경』)

"성인은 쌓아 두지 않는다. 남을 위하니 자기 것이 더욱 불어나며, 남에게 베푸니 자기 것이 더욱 많아진다. 그래서 '하늘의 도'(天之道)는 만물을 이롭게 하되 해롭게 하지 않으며, '성인의 도'(聖人之道)는 만물을 위해 주되 다투지 않는다." (聖人不積 既以爲人己愈有 既以與人己愈多 天之道 利而不害 聖人之道 爲而不爭, 『노자』)

"성인은 만물을 위하되 '나'만 믿으라고 하지 않으며, 큰 공덕을 세우고도 '내 공덕'으로 삼지 않는다. 자신의 현명함을 밖으로 드러내려 하지 않는다."(聖人爲而不恃 功成而不處 其不欲見賢, 『노자』)

63절

우리는 내일을 기약하지 못한다[137]

예수님께서 말씀하시길 "돈을 많이 가진 부자가 있었다. 그가 말하기를 '나는 나의 돈을 투자하여 씨를 뿌리고 거두고 싶어서, 나의 창고를 수확물로 가득 채울 것이다. 그러면 부족함이 없을 것이다.'라고 하였다. 이런 생각을 심중에 두었으나, 그날 밤에 그는 죽었다. 들을 만한 귀가 있는 자는 들어라."라고 하셨다.[138]

---

137 '죽음'이 찾아오기 전에, 지금 여기서 '영생'을 얻어라!

138 "이 믿음이 적은 자들아! '무엇을 먹을까?' '무엇을 마실까?' '무엇을 입을까?' 하고 걱정하지 마라! 왜냐하면 이런 것들은 이방인들도 찾는 것이기 때문이다. 그대들의 하늘에 계신 아버지께서, 그대들이 필요로 하는 모든 것을 알고 계신다. 그대들은 무엇보다 '그분의 왕국'(성령의 현존)과 '그분의 정의로움'(성령의 진리)을 구하라! 그러면 이 모든 것들도 함께 받게 될 것이다. 그러므로 내일을 걱정하지 마라. 내일은 내일이 걱정하도록 하라. 그날의 괴로움은 그날로 충분하다." (마태복음 6:31~34)

64절

아버지의 왕국에 들어가지 못하는 자들[139]

---

139 "천국은 마치 자기 아들을 위하여 혼인 잔치를 베푼 어떤 임금과 같으니, 그 종들을 보내어 그 청한 사람들을 혼인 잔치에 오라고 하였으나 싫어하였다.
다시 다른 종들을 보내며 이르길 '청한 사람들에게 말하라. 내가 오찬을 준비하였는데, 나의 소와 살진 짐승을 잡고 모든 것을 갖추었으니 혼인 잔치에 오라고 하라.'라고 말하였다. 그러나 그들이 돌아보지도 않고, 한 명은 자기 밭으로 가고, 한 명은 장사하러 갔으며, 남은 자들은 종들을 잡아 능욕하고 죽였다. 그러자 임금이 노하여 군대를 보내어, 그 살인한 자들을 진멸하고 그 동네를 불살라 버렸다.
그러자 종들에게 이르길 '혼인 잔치는 준비되었으나 청한 사람들은 합당치 아니하니, 4거리 길에 가서 사람을 만나는 대로 혼인 잔치에 청하여 오라.'라고 하였다. 그러자 종들이 길에 나가 악한 자나 선한 자나 만나는 대로 모두 데려오니 혼인 자리에 손님이 가득하였다.
임금이 손님을 보러 들어감에 거기서 예복을 입지 않은 한 사람을 보고, 이르길 '친구여, 그대는 어찌하여 예복을 입지 않고 여기 들어왔느냐?' 하니, 그가 말을 못하고 있었다. 그러자 임금이 사환들에게 말하길 '그 수족을 결박하여 바깥 어두움에 내어 던져라. 거기서 슬피 울며 이를 갈고 있으리라.'라고 하였다. 청함을 받은 자(선악을 불문하고 초대됨)는 많되, 택함을 입은 자(하나님의 자녀)는 적으니라." (마태복음 22:2~14)

예수님께서 말씀하시길 "한 사람이 손님들을 초대하였다. 만찬을 준비하고서, 그는 손님들을 초대하고자 종을 보냈다.

그 종이 첫 번째 사람에게 가서 말하기를 '나의 주인님께서 당신을 초대하셨습니다.'라고 하자, 그가 종에게 말하기를 '어떤 상인들이 나에게 돈을 빌렸는데, 그들이 오늘 밤 나에게 오네. 나는 가서 그들에게 지침을 주어야 하므로, 만찬에 응하지 못하는 것을 부디 용서하게.'라고 하였다.

그 종이 다른 사람에게 가서 말하기를 '나의 주인님께서 당신을 초대하셨습니다.'라고 하자, 그가 종에게 말하기를 '내가 집을 한 채 사서, 하루 종일 나가 있어야 하니 시간이 없네.'라고 하였다.

그 종이 다른 사람에게 가서 말하기를 '나의 주인님께서 당신을 초대하셨습니다.'라고 하자, 그가 종에게 말하기를 '나의 친구가 결혼을 했는데, 내가 연회를 준비해야 하므로 가지 못하겠네. 만찬에 응하지 못하는 것을 부디 용서하게.'라고 하였다.

그 종이 다른 사람에게 가서 말하기를 '나의 주인님께서 당신을 초대하셨습니다.'라고 하자, 그가 종에게 말하기를 '내가 땅을 샀는데, 세를 받으러 가야 하므로 가지 못하겠네, 만찬에 응하지 못하는 것을 부디 용서하게.'라고 하였다.

 그 종이 돌아가서 그의 주인에게 말하기를 '당신께서 만찬에 초대한 사람들이 모두 거절했습니다.'라고 하니, 그 주인이 그의 종에게 말하기를 '거리로 나가서, 네가 발견한 사람들을 누구든지 데려와 만찬을 먹게 하라.'라고 하였다. 장사꾼과 상인들은 내 '아버지의 왕국'에 들어가지 못할 것이다."라고 하셨다.[140]

---

[140] '하나님'과 하나가 되어 '하나님의 명령'을 따르는 것을 최고의 업으로 삼는 '하나님의 자녀'(군자)라야 '하나님의 왕국'에 들어간다. 세상의 돈과 물질을 섬기는 자는 '하나님'보다 '우상'을 더 숭배하는 자이니, 우상을 숭배하는 '혈육의 자녀'(소인)는 하나님의 왕국에 들어가지 못한다.
"군자는 정의(대아적 효율성)에 밝고 소인은 이익(소아적 효율성)에 밝다." (子曰 君子喩於義 小人喩於利,『논어』)

65절

포도원의 소작인들[141]

그분께서 말씀하시길 "포도원을 소유한 한 사람이 몇 명의 농부들에게 소작을 주었다. 그래서 그들은 일을 하게 되었고, 주인은 그들로부

---

[141] "'다시 한 비유를 들어 보라. 어떤 집 주인이 포도원을 만들고 주위에 울타리를 만들고 포도즙을 짜는 구덩이를 파고 망대를 짓고 농부들에게 세로 주고 타국에 떠났다. 수확할 때가 되자 그 소출을 받으려고 자기 종들을 농부들에게 보냈다. 그러자 농부들이 종들을 잡아 하나는 매우 때리고, 하나는 죽이고, 하나는 돌로 쳤다. 다시 다른 종들을 처음보다 많이 보내니, 그들에게도 그렇게 하였다.
뒤에 자기 아들을 보내며 이르길 '그들이 내 아들은 공경할 것이다.'라고 하였으나, 농부들이 그 아들을 보고 서로 말하길 '이는 상속자니, 그를 죽이고 그의 유산을 차지하자.' 하고, 그를 잡아 포도원 밖에 내던져 죽였다. 그러면 포도원 주인이 올 때에 이 농부들을 어떻게 하겠는가?'
그들(대제사장들과 바리새인들)이 말하길 '이 악한 자들을 모두 죽이고 포도원은 제때에 소출을 바칠만한 다른 농부들에게 새로 줄 것입니다.'라고 하였다. 예수님께서 이르시길 '그대들이 성경에서 '집을 짓는 이들이 내다 버린 돌이 모퉁이의 머릿돌이 되었네. 주님께서 하신 일이 우리 눈에 기이하도다.'라는 말을 읽어 본 적이 없는가?

터 수확물을 거둘 수 있었다.

그가 농부들로부터 포도원의 수확물을 받아 오도록 그의 종을 보냈다. 그들은 그를 붙잡고 때려서 거의 죽을 지경으로 만들었다. 그 종이 돌아와서 주인에게 이 사실을 말하자, 주인은 '아마도 종이 그들을 알아보지 못하였을 것이다.'라고 여기고 다른 종을 보냈다. 그러자 그 농부들은 그를 마찬가지로 때렸다.

그러자 그는 그의 아들을 보내면서 '아마도 그들이 나의 아들은 알아보고 잘 대해 주겠지.'라고 여겼다. 그런데 그 농부들은 그가 바로 '포도원의 상속자'라는 것을 알아차렸기 때문에, 그를 붙잡아 죽였다. 들을 만한 귀가 있는 자는 들어라."라고 하셨다.[142]

그러므로 내가 그대들에게 이르노니, '하나님의 왕국'을 그대들에게 빼앗아서 그 소출을 바칠 백성들에게 줄 것이다. 이 돌 위에 떨어지는 자는 부서질 것이요, 이 돌이 사람 위에 떨어지면 그를 가루로 만들 것이다.'라고 하셨다. 대제사장들과 바리새인들이 예수의 비유를 듣고 자기들을 두고 하는 말씀임을 알고 잡고자 하였으나, 예수님을 선지자로 아는 군중을 두려워하였다." (마태복음 21:33~46)

[142] 돈에 눈이 먼 소인배들은 자신의 작은 이익에 집착하여 하나님 덕분에 자신이 먹고 살면서도, 하나님의 명령을 따르는 하나님의 아들을 보면 자신의 이익을 빼앗으려 한다고 생각하여 죽이려 한다.
"군자에게는 '3가지 두려움'이 있다. ① '하나님의 명령'을 두려워하며, ② 하나

―――――――

님의 명령을 따르는 '큰 사람'을 두려워하며, ③ 하나님의 명령에 합치하는 '성인의 말씀'을 두려워한다. 자신의 이익만 아는 소인들은 ① '하나님의 명령'을 알지 못하니 두려워하지 않고, ② '큰 사람'을 업신여기고, ③ '성인의 말씀'을 깔본다."(君子有三畏 畏天命 畏大人 畏聖人之言 小人不知天命而不畏也 狎大人 侮聖人之言,『논어』)

66절

내다 버린 돌들이 머릿돌이다[143]

예수님께서 말씀하시길 "나에게 집을 짓는 이들이 내다 버린 돌을 보여 달라. 그 돌이 머릿돌이다."라고 하셨다.[144]

---

[143] '머릿돌' '모퉁잇돌'은 바닥 모퉁이의 큰 돌이니 기초석이자 정초석, 주춧돌이다. 건물 전체의 규모를 결정짓는 모퉁잇돌은 본래 돌들 중에서 가장 훌륭한 돌로 삼는다.
"집을 짓는 이들이 내다 버린 돌이 모퉁이의 머릿돌이 되었네." (시편 118:22)

144 "이 모든 것들을 현명하고 학식이 있는 사람들에게 감추시고, 오히려 작은 어린이들에게 드러내신 것에 대하여, 아버지이신 천지의 주님께 감사드립니다." (마태복음 11:25)

"하늘이 주는 벼슬도 있고, 사람이 주는 벼슬도 있다. '사랑과 정의' '충직과 성실' '선을 즐겨 게으르지 않는 것', 이것은 하늘이 주는 벼슬이다. '공공·경卿·대부', 이것은 사람이 주는 벼슬이다. 옛사람들은 하늘이 주는 벼슬을 닦을 뿐이었으나, 사람이 주는 벼슬이 자연히 따라왔다. 지금 사람들은 하늘이 주는 벼슬을 닦아서 사람이 주는 벼슬을 요구한다. 그러다가 이미 사람이 주는 벼슬을 받았으면 하늘이 주는 벼슬을 버린다. 이는 미혹됨이 심한 것이다. 마침내 반드시 망하게 될 뿐이다." (孟子曰 有天爵者 有人爵者 仁義忠信 樂善不倦 此天爵也 公卿大夫 此人爵也 古之人修其天爵 而人爵從之 今之人修其天爵 以要人爵 旣得人爵 而棄其天爵 則惑之甚者也 終亦必亡而已矣, 『맹자』「고자 상」)

67절

먼저
너 자신을 알아라

예수님께서 말씀하시길 "모든 것을 다 알아도 '자신'을 모르는 사람은 아무것도 모르는 자이다."라고 하셨다.[145]

---

[145] 우리의 '에고'인 '나'는 시공과 주객에 의해 제약된 '나'이다. 그러나 에고의 뿌리는 결국 순수하고 무제약적인 '나의 현존'일 뿐이다. 그러니 '나'야말로 우리 존재의 '뿌리'이다. 그리고 일체의 '주관'과 '객관'으로 이루어진 만물은 모두 '나'(I AM)에서 나왔으니, '나'는 일체 만물의 뿌리이자 본질이다.

우리 에고가 '나라는 존재감'을 가질 수 있는 것도 바로 이 이원성을 초월한 '순수한 나'가 있기 때문이다. 그러니 이 자리야말로 우리의 '아버지' 자리이다! 우리가 생각·감정·오감을 초월하여 '순수한 나'(I AM, 영)로 머물 때, 우리는 '하나님'과 온전히 '하나'가 된다!

자신의 내면에서 '참나'(I AM)인 '하나님의 영'(성령)을 발견하여, 자신이 바로 '하나님의 자녀(분신)' '빛의 자녀(분신)'라는 것을 알지 못하는 자는 아무것도 모르는 자이다. 우리는 일체를 내려놓고 오직 '하나님의 영' 안에서 '하나'가 될 때만, 우리가 바로 '하나님의 자녀(분신)'임을 알게 된다. 우리가 일체를 안다고 해도 일체의 뿌리가 되시는 '하나님의 영'을 알지 못한다면, 일체(하나님의 신비)를 진정으로 아는 것이 아니다.

68절

미움과 박해를 받는 자들[146]

예수님께서 말씀하시길 "그대들이 미움을 받고 박해를 받을 때, 그대들은 축복을 받을 것이다. 그대들이 박해를 받았던 자리를 찾을 수 없을 것이다."라고 하셨다.[147]

---

146 "(8가지 축복 중 마지막) '정의'를 위해 박해를 받는 자들은 축복받을 것이다. 하늘의 왕국이 그들의 것이다." (마태복음 5:10)

147 오직 '나'와 '나의 것'을 추구하며 '소아적 효율성'만을 따지는 '에고의 마음'(겉사람, 욕심)은, 전체를 나와 '하나'로 여기며 나누지 않고 '대아적 효율성'을 중시하는 '성령의 마음'(속사람, 양심)을 미워하고 박해한다. 성령을 따르는 '하나님의 자녀'의 내면에서는 속사람과 겉사람의 치열한 영적 전쟁이 일어나게 된다. 그러나 이러한 내적 미움과 박해가 일어나는 사람의 '혼'은 축복받을 것이다. 결국 그 사람의 혼은 '성령의 뜻'에 따라 거룩해질 것이다. 더 이상 미움과 박해가 없는 온전한 경지에 이르게 될 것이다.

69절

마음속에서 박해받는 자들[148]

예수님께서 말씀하시길 "그들의 마음속에서 박해를 받는 자들은 축복을 받을 것이다. 그들은 진실로 '아버지'를 알게 된 자들이다. 굶주린 자들은 축복받을 것이다. 그들의 굶주린 배는 채워질 것이다."라고 하셨다.[149]

---

148 "'정의'에 굶주린 자들은 축복받을 것이다. 그들이 채워질 것이다." (마태복음 5:6)

149 '아버지'를 진정으로 깨달은 자라야 '에고의 마음'의 핍박과 박해를 받게 될 것이다. '성령'을 아는 자라야 '겉사람(욕심)의 박해'를 진실로 이해할 수 있다. '성령체험' 이후 오히려 '욕정'에 휘둘리는 자신을 한탄한 사도 바울처럼 말이다.
"나의 '속사람'(양심, 성령으로 거듭난 영혼)으로는 '하나님의 법'을 즐거워하되, 내 몸의 다른 부분 속에서 '한 가지 다른 법'(죄의 법)이 '내 마음의 법과 싸워 내 몸의 다른 부분 속에 있는 '죄의 법' 아래로 나를 사로잡아 오는 것을 봅니다." (로마서 7:22~23)

'아버지'를 깨달아 아는 자라야 참으로 배고플 수 있다. 끝없이 '성령'과 '욕정'의 투쟁 속에서, '욕정'의 배부름이 아닌 '성령'의 배부름을 갈구했던 사도 바울처럼 말이다.
"성령에 따라 살아가십시오. 그리고 육체의 욕망을 채우지 마십시오. 육체의 욕망은 성령에 반대되고, 성령의 뜻은 육체에 반대되기 때문입니다." (갈라디아서 5:16~17)

70절

그대 안에 있는 것을 낳아라

예수님께서 말씀하시길 "만약 그대가 그대 안에 있는 것을 낳으면, 그대가 지닌 것이 그대를 구할 것이다. 만약 그대가 그대 안에 있는 것을 지니지 못하면, 그대가 그대 안에 지니지 못한 것이 그대를 죽일 것이다."라고 하셨다.[150]

---

[150] '주검'의 주인인 '죽음'이 자신의 것을 찾아오기 전에, 자신의 안에 있는 '육체의 에너지'(백魄)를 배양하여 '영적 육체'로 낳으면, 영이 육체로 인해 죽음을 맛보지 않고 영원히 살 수 있게 된다. 그러나 그가 '영적 육체'를 이루지 못하면, 그는 자신을 떠나 분리된 백으로 인해 죽음을 맛보게 될 것이다. '혼'과 '백'이 분리되는 것이 바로 '죽음'이다(혼비백산魂飛魄散, 영혼이 하늘로 날아가고 백은 지상에서 육체와 함께 흩어짐).
"혼魂과 백魄을 하나로 껴안아서 분리되지 않도록 할 수 있겠는가?" (載營魄抱一 能無離乎, 『노자』)

71절

아무도 이 집을
다시 짓지 못할 것이다

예수님께서 말씀하시길 "내가 이 집을 허물 것이다. 아무도 이 집을 다시 짓지 못할 것이다."라고 하셨다.[151]

---

[151] "수많은 생을 윤회하면서 '집을 지은 자'를 찾았으나, 그를 찾지 못하였으니 다시 태어나는 것이 실로 고통이었네. '집을 지은 자'(애욕)를 이제 찾았으니 다시는 새로운 '집'(육신)을 짓지 않으리. 서까래와 기둥은 이미 끊어졌고 대들보는 이미 무너졌네. 나의 마음은 '열반'을 증득했으며 일체의 '애욕'은 사라졌네." (부처님의 오도송, 『법구경法句經』)
우리의 '밝은 영'을 구속하는 일체의 장애로부터 자유를 얻어서, 다시는 지상의 육체를 얻지 않을 '대자유'를 얻었음을 선포한 것이다. 소멸하고 부패하는 지상의 육체 대신 불멸하고 '영원한 육체'를 얻은 것을 말한다. 불가에서는 '의성신意成身'(생각으로 만든 육체) '보신報身'(영적인 육체)을 얻은 것을 말한다. 이러한 '영적인 육체'는 자유자재라 중생을 구제하기 위해서는 언제든 자유로이 물질계에 그 모습을 나타낼 수 있다. 이러한 영적인 육체는 개체의 욕망을 해소하기 위한 '애욕의 몸'이 아닌, 중생을 구제하기 위한 '자비의 몸'이다.
"사문(승려)은 이와 같이 명상에 들어 4선정의 마음에서 '생각으로 만든 몸'(意生身·意成身)을 만드는 것에 마음을 기울이게 됩니다. 그리하여 그는 이 육신으로부터 다른 몸뚱이를 변화시켜 나투게 됩니다. 색깔을 지니고 있으며, 여러 가지 각 부분들을 두루 갖추고 있으며, 감각기관이 열등하지 않은 몸을 바꾸어 나타내게 되는 것입니다. 어떤 사람이 뱀에게서 허물을 벗겨 내고는 '이것이 뱀이고 저것은 허물이다. 뱀과 허물은 다르다. 저 허물은 뱀으로부터 벗겨 낸 것이다.'라고 생각할 것입니다." (『사문과경』)

'의성신意成身'은 '영으로 거듭난 몸'이다. 이 몸을 이룬 자는 이 세상에 육신의 몸을 취하지 않을 수 있다. 그들은 '정토淨土'(기독교의 천국)에 나아가 영원한 지복을 누린다. 그러나 중생의 구제를 위해서라면 언제든지 '육신'을 취하여 중생을 구제한다.

"나는 세상 가운데 내 자리를 정하고, '육신'으로 사람들에게 나타났다." (도마복음 28절)

72절

나는 나누는 자가 아니다

한 사람이 그에게 묻기를 "나의 형제들에게 말씀하시어 내 아버지의 재산을 나와 나누도록 해 주십시오."라고 하였다.

그분께서 그 사람에게 말씀하시길 "남자여, 누가 나를 '나누는 자'로 만드는 것이냐?"라고 하셨다. 그분께서 그분의 제자들을 향해 몸을 돌리고 말씀하시길 "나는 나누는 자가 아니다. 그렇지 않은가?"라고 하셨다.[152]

---

152 "지극한 도'(영원한 나의 현존, 성령)는 조금도 어렵지 않아서 오직 '간택함'을 싫어할 뿐이니, 단지 싫어하거나 아끼지 않는다면 확 트여 명백할 것이다." (至道無難 唯嫌揀擇 但莫憎愛 洞然明白, 3조三祖 승찬僧璨, 『신심명信心銘』)
"만물이 변화하되 '욕심'이 일어난다면, 나는 '이름 없는 통나무'(쪼개지지 않은 순수한 현존)로 그것을 눌러 버릴 것이다. 대저 장차 욕심이 없어야 할 것이니, 욕심이 없어지면 고요해질 것이며 천하가 저절로 안정될 것이다." (化而欲作 吾將鎭之 以無名之樸 夫亦將無欲 不欲以靜 天下將自定, 『노자』)

73절

추수할 일꾼이 부족하다[153]

예수님께서 말씀하시길 "추수할 것은 많은데 일꾼이 적으니, 추수하는 주인에게 밭으로 일꾼들을 보내 달라고 간청하라!"라고 하셨다.[154]

---

[153] "이후 주께서 70인(혹은 72인)의 제자들을 따로 선발한 뒤에, 친히 가시려는 각 동네와 각 지역으로 둘씩 보내시면서 이렇게 당부하셨다. '추수할 것은 많으나 일꾼이 적으니, 추수하는 주인에게 청하여 추수할 일꾼(하나님의 자녀들)을 보내 달라고 하여라.'" (누가복음 10:1~2)

[154] '추수'란 혈육의 자녀를 '성령'으로 거듭나게 하는 것이니, 추수를 통해 인류를 구제할 더 많은 '추수꾼' 즉 '하나님의 자녀들'이 지상에 나타나기를 하나님 아버지께 간절히 구하라는 말씀이다. '하나님의 자녀'는 하나님께서 주신 밝은 '성령'을 다시 밝히고, 남들의 '성령'까지도 밝혀 주는 사람이다. 우선 우리 자신부터 밝히고 남을 밝혀야 한다. 나와 남은 모두 하나님(하나인 성령, I AM) 안에서 '하나'이니, 남을 나처럼 사랑하고 아끼면서 오직 '하나님의 뜻과 말씀'(서로 사랑하라!)을 실천해야 한다.

74절

우물로 곧장 뛰어들어라

그분께서 말씀하시길 "주님, 우물가에 많은 사람들이 있습니다. 그러나 우물 안에는 아무도 없습니다."라고 하셨다.[155]

---

155 지금 곧장, 시간과 공간을 포함한 '일체의 이원성'을 초월하여, 오직 '하나인 성령'(순수한 나의 현존, I AM) 안으로 뛰어들어라! 그 '우물'(하나인 성령) 안에서 우리는 '하나님'과 하나가 되어 현존할 수 있다. 나와 남을 가르지 않는 '하나'를 이루지 못한 자들은, 바리새파들처럼 오직 '우물가'에만 머물되 끝내 우물 안에 들어가지 못할 것이다.
"마음을 고요히 가라앉히면 초월하여 '하나님'(영원한 나의 현존)을 대할 수 있다." (潛心以居 對越上帝, 주희, 『경재잠敬齋箴』)

75절

신부의 방에 들어가는 조건

예수님께서 말씀하시길 "문 앞에 많은 이들이 서 있으나, '하나'가 된 자라야 '신부의 방'(하나님과 합일을 이루는 자리)으로 들어갈 수 있을 것이다."라고 하셨다.[156]

---

156 우리의 '에고'인 '나'는 시공과 주객에 의해 제약된 '나'이다. 그러나 에고의 뿌리는 결국 순수하고 무제약적인 '나'일 뿐이다. 주객을 초월하면 우리는 곧장 일체의 이원성을 초월한 '하나의 성령'의 자리인 '순수한 나의 현존'(I AM)에 도달할 것이다. 나와 남을 둘로 보지 않는 '사랑'의 자리에 도달할 것이다.
"그 '하나가 됨'은 하늘과 더불어 무리가 되며, 그 '하나가 못됨'은 사람과 더불어 무리가 된다." (其一與天爲徒, 其不一與人爲徒, 『장자』 「대종사」)
"학자는 반드시 '사랑'(仁)을 먼저 알아야 한다. '사랑'(仁)이라는 것은 혼연渾然히 만물과 더불어 한 몸이 되는 것이다. 정의(義)·예절(禮)·지혜(智)·성실(信)이 모두 '사랑'(仁)이다. 우리는 이러한 원리를 알아서 '성誠'(에고의 초월, 양심과 합일)과 '경敬'(에고의 몰입, 마음을 챙김)으로 이것(사랑)을 챙길 따름이다!" (學者須先識仁 仁者 渾然與物同體 義禮智信皆仁也 識得此理 以誠敬存之而已, 정명도, 『식인편識仁篇』)

"공자님께서 말씀하시길 '사랑(仁)에 머무는 것이 아름다우니, 사랑을 선택하여 머물지 않는다면, 어찌 지혜롭다 하겠는가?'라고 하셨다." (子曰 里仁爲美 擇不處仁 焉得知, 『논어』 「이인里仁」)
"군자는 밥을 먹는 시간에도 '사랑'(仁)을 어겨서는 안 되니, 급박한 상황에도 반드시 사랑을 어기지 않으며, 엎어지고 넘어질지라도 반드시 사랑을 어기지 않는다." (君子 無終食之間違仁 造次必於是 顚沛必於是, 『논어』 「이인」)
"사랑하는 여러분, 서로 사랑합시다. '사랑'은 하나님에게서 오는 것이기 때문입니다. 사랑하는 이는 모두 하나님에게서 태어났으며 하나님을 압니다. 사랑하지 않는 사람은 하나님을 알지 못합니다. 하나님은 '사랑'이시기 때문입니다." (요한1서 4:7~8)
"하나님은 '사랑'이십니다. '사랑' 안에 머무는 사람은 누구나 '하나님' 안에서 머물게 되고, 하나님께서도 그 사람 안에 머무십니다." (요한1서 4:16)

76절

영원불변한 그분의 보물을 찾아라

예수님께서 말씀하시길 "'아버지의 왕국'은, 마치 많은 물건을 가지고 있으나 '한 개의 진주'(성령)를 발견한 상인의 경우와 같다. 그 상인은 매우 총명하여, 자신이 지닌 물건들(생각·감정·오감)을 팔아서 자신을 위해 한 개의 진주를 샀다.

그대들도 그러해야 한다. 좀이 먹지 않고 어떠한 벌레도 파괴할 수 없는, 영원히 존재하며 변하지 않을 '그분의 보물'을 찾아야 한다!"라고 하셨다.[157]

157 우리는 '영靈'(하나인 성령, I AM)의 작용인, '혼魂'의 '생각·감정·오감'에 집착한다. 그러나 그러한 모든 것을 내려놓고, 그것들의 뿌리가 되는 자리인 '하나님의 형상'이 새겨진 '영'을 깨달아야 한다! 그것만이 영원불변하기 때문이다.

"사리자야, 일체 사물의 '텅 빈 형상'(영원한 나의 현존, 성령)은 생겨나지도 죽지도 않으며, 더럽혀지지도 깨끗해지지도 않으며, 늘지도 줄지도 않는다." (舍利子 是諸法空相 不生不滅 不垢不淨 不增不減, 『반야심경般若心經』)

"이 자리(영원한 나의 현존, 성령)는 둥글기가 큰 허공과 같아서 조금도 모자람이 없고 조금도 남음이 없다." (圓同太虛 無欠無餘, 『신심명』)

"말이 많고 생각이 많으면 오히려 더욱 진리와 상응하지 못하니, 말을 끊고 생각을 버리면 통하지 못하는 곳이 없을 것이다."(多言多慮 轉不相應 絶言絶慮 無處不通, 『신심명』)

"팔·다리와 몸뚱이를 잊고, 총명함을 버리고, 형체를 떠나고 앎을 떠나서, 크게 통함에 하나가 되는 것, 이것을 '좌망'이라고 한다." (墮肢體 黜聰明 離形去知 同於大通 此謂坐忘, 『장자』「좌망坐忘」)

77절

나는 모든 것들 위에서 빛나는 빛이다

예수님께서 말씀하시길 "'나'(I AM)는 모든 것들 위에서 빛나는 빛이요, '나'는 모든 것이다! '나'로부터 모든 것이 나왔고, '나'에게 모든 것이 도달하게 된다. 나무토막을 쪼개 보라! 거기에 '내'가 있다. 돌멩이를 들어 보라! 거기에서 그대들은 '나'를 발견할 것이다."라고 하셨다.[158]

---

158 '나'(영원한 나의 현존, 성령, I AM)는 모든 것의 뿌리이다. '나'로부터 주관이 나오고 객관이 나온다. '나'는 주객의 분리 이전의 '현존'이다! '나'는 알파(시작)이자 오메가(종말)이다! 모든 것은 '나'에게서 시작하여 '나'에게서 끝난다.
나무토막을 쪼개 보라! 돌멩이를 들어 보라! 그리고 그 '대상'(객관)과 그것을 알아차리는 시공에 제약된 '에고'(주관)를 넘어서, 일체를 통으로 알아차리는 '순수하게 알아차리는 자'로 존재하라! 그대들은 만물의 시작과 끝인 '나'를 찾게 될 것이다!
일체 만물은 모두 '나'에 의해 존재한다. '나'는 '만물의 뿌리'이다. 만물은 모두 '나'의 나타냄일 뿐이다. 만물을 모두 자신으로 알아차리는 '나'라야 참된 나이다.

만물을 나와 둘로 보지 마라! 그 자리에 '나'가 현현한다.
"'경계'(객관)는 '마음'(주관)으로 말미암아 '경계'이며 '마음'은 '경계'로 말미암아 '마음'이니, '양단'(마음과 경계)을 알고자 한다면 원래 '하나의 텅 빔'(영원한 나의 현존, 성령)이다. '하나의 텅 빔'은 '양단'과 한가지라(양단은 텅 빔의 나툼) 온갖 형상을 두루 포함하였다." (能隨境滅 境逐能沈 境由能境 能由境能 欲知兩段 元是一空 一空同兩 齊含萬象, 『신심명』)
"나는 스스로 현존하는 나이다!" (I Am That I Am, 출애굽기 3:14)
"지금도 존재하시며, 과거에도 존재하셨고, 장차 존재하실, 전능하신 주 하나님께서 '나는 알파이자 오메가이다!'(모든 것의 시작이자 끝이 되시는 하나님)라고 말씀하셨다." (요한계시록 1:8)
"석가모니 부처님께서 태어나시자마자, 한 손은 하늘을 가리키고 한 손은 땅을 가리키며, 사방으로 일곱 걸음을 걷고 사방을 눈으로 돌아보며, '하늘 위 하늘 아래를 통틀어 오직 '나가 홀로 존귀하다!'라고 말하셨다." (釋迦牟尼佛初生 一手指天 一手指地 周行七步 目顧四方日 天上天下唯我獨尊, 『전등록傳燈錄』)
"'나'라는 것은 바로 '여래장'(여래의 씨알)이라는 것이다. 일체 중생이 모두 '불성'을 갖추고 있으니, 이것이 바로 '나'라는 것이다. 이와 같은 '나'라는 것이 애초부터 항상 무량한 번뇌에 덮여 있어서, 중생들이 볼 수 없는 것이다." (我者卽是如來藏義 一切衆生悉有佛性 卽是我義 如是我義從本已來 常爲無量煩惱所覆 是故衆生不能得見, 『열반경涅槃經』)
"'나'는 길이요, 진리요, 생명이다. '나'를 통하지 않고서는 아무도 아버지께로 갈 수 없다. 만약 그대들이 '나'를 안다면, 그대들은 또한 '아버지'를 알게 될 것이다. 지금부터 그대들은 아버지를 알고 아버지를 뵌 것이다." (요한복음 14:6~7) 우리 내면에 존재하는 '하나님의 영'(성령, I AM)이야말로 우리의 '참된 생명'이며, 그 '나'에 새겨진 '하나님의 말씀·형상'이 바로 '길'이며 진리이다.
"동곽자가 장자에게 묻기를 '이른바 도道는 어디에 있습니까?'라고 하자, 장자가 대답하기를 '없는 곳이 없소.'라고 하였다. 동곽자가 이르길 '한정을 해 주십시오.'라고 하자, 장자가 '땅강아지와 개미에게 있소.'라고 하였다. '어찌하여 그렇게 하찮은 것에 있는 것입니까?' '돌피나 피 같은 잡초에 있소.' '어찌하여 더욱 하찮은 것에 있는 것입니까?' '기와나 벽돌에 있소.' '어찌하여 더욱 하찮은 것에 있는 것입니까?' '똥이나 오줌에 있소.' 동곽자는 아무런 대꾸를 하지 못했다." (東郭子問於莊子曰 所謂道,惡乎在 莊子曰 無所不在 東郭子曰 期而後可 莊子曰 在螻蟻. 曰何其下邪 曰在稊稗 曰何其愈下邪 曰在瓦甓 曰何其愈甚邪 曰在屎溺 東郭子不應, 『장자』「지북유知北遊」)

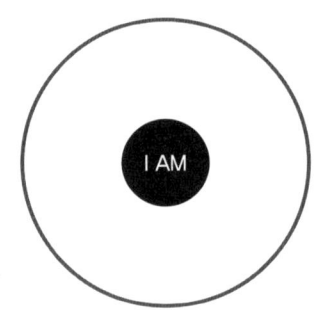

| 알파와 오메가인 '나' |

78절

그대들은 왜 광야에 나왔는가[159]

예수님께서 말씀하시길 "그대들은 왜 광야에 나왔는가? 바람에 흔들리는 갈대를 보기 위해서인가? 아니면 그대들의 지도자나 권세가와 같은, 부드러운 옷을 입은 자를 보기 위해서인가? 그들은 부드러운 옷을 입고 있으나, 진리를 이해하지 못한다."라고 하셨다.[160]

---

159 "그들(세례 요한의 제자들)이 떠나자, 예수님께서 대중에게 요한에 대하여 말씀하시길, '그대들은 무엇을 보려고 광야에 나갔는가? 바람에 흔들리는 갈대인가? 아니면 그대들은 무엇을 보려고 나갔는가? 부드러운 옷 입은 사람을 보기 위해서인가? 부드러운 옷을 입은 자들은 왕궁에 있다." (마태복음 11:7~8)

160 그대들은 선지자를 찾아 광야까지 갔다. 그런데 그 선지자는 좋고 부드러운 옷이 아닌, 거친 옷을 입은 자이다. 그가 선지자 중의 선지자이다. 그 마음을 잊지 말아야 한다. 겉으로 드러난 포장에 속아서는 안 된다. 내면에 감춰진 참된 진리를 깨달아야 한다.

"『시경』에 이르기를 '비단옷을 입고 그 위에 홑옷을 걸치었다.'라고 하였으니, 그 무늬의 광채가 너무 드러나는 것을 싫어하기 때문이다. 그러므로 군자의 길은 어두운 것 같지만 날로 빛이 나고, 소인의 길은 선명한 것 같지만 날로 사라진다."(詩曰 衣錦尙絅 惡其文之著也 故君子之道 闇然而日章 小人之道 的然而日亡, 『중용』)

"절름발이에 꼽추에 언청이인 사람이 위衛나라 영공靈公에게 유세를 하니, 영공이 기뻐하였다. 그리고 온전한 사람을 보니, 그 목이 가늘어 보였다. 큰 혹이 달린 사람이 제齊나라 환공桓公에게 유세하니, 환공이 기뻐하여 온전한 사람을 보니 그 목이 가늘어 보였다. 그러므로 덕에 뛰어남이 있으면, 형체는 망각하는 것이다. 사람들은 그 망각해야 할 것을 망각하지 못하고, 망각하지 말아야 할 것을 망각하니, 이를 '진정한 망각'이라고 한다."(闉跂支離无脤 說衛靈公 靈公說之 而視全人 其脰肩肩 甕瓮大癭說齊桓公 桓公說之 而視全人 其脰肩肩 故德有所長 而形有所忘 人不忘其所忘而忘其所不忘 此謂誠忘, 『장자』「덕충부德充符」)

79절

아버지의 말씀을 따르는 자가 복되도다[161]

　무리 중의 한 여자가 그분께 말하기를 "당신을 배었던 자궁과 당신을 먹였던 젖은 복됩니다."라고 하였다.

　그분께서 말씀하시길 "'아버지의 말씀'을 듣고, 이를 진심으로 지키는 자가 복되도다. 그대들이 '아이를 배지 않았던 자궁과 모유를 주지 않았던 젖이 복되도다.'라고 말할 날이 올 것이기 때문이다."라고

---

[161] "무리 중의 한 여자가 소리 높여 이르길 '당신을 밴 자궁과 당신을 먹인 젖이 복됩니다.'라고 하였다. 예수님께서 말씀하시길 '오히려 하나님의 말씀을 듣고 지키는 자가 복이 있도다!'라고 하셨다." (누가복음 11:27~28)
"많은 백성들과 그를 위하여 가슴을 치며 슬피 우는 여자들의 큰 무리가 따라왔다. 예수님께서 그들을 돌아보며 향하여 말씀하시길 '예루살렘의 딸들아, 나를 위하여 울지 말고 그대들과 그대들의 자녀를 위하여 울어라! 보라, 날(심판의 날)이 이르면 사람들이 말하기를 잉태할 수 없는 이와 아이를 낳아 본 적이 없는 자궁과 먹이지 못한 젖이 복이 있다고 할 것이다.'" (누가복음 23:27~29)

하셨다.[162]

---

[162] 아무리 '사람의 아들'(人子, 메시아)을 낳은 자라 하더라도 스스로 하나님 아버지의 말씀을 지키지 못하면 '영생'을 얻지 못한다. 오직 하나님 아버지의 말씀을 지켜서 '영생을 얻은 이'가 복되다. 남에게 기대서는 '영생'을 얻을 수 없다. 오직 일체의 이원성을 초월하여 '성령' 안에서 '하나'를 이룬 자라야 '영생'을 얻을 수 있다.

80절

세상을 깨닫고 육체를 발견하라

예수님께서 말씀하시길 "누구든지 '세상'을 깨닫게 되면 '육체'를 발견하게 될 것이며, 누구든지 육체를 발견한 자에게는 세상은 더 이상 합당하지 않다."라고 하셨다.[163]

---

[163] 누구든지 참된 '영·혼·육의 비밀'을 깨우쳐, '영적 베일'을 치우고 '하나님의 영광'인 '참된 영'을 온전히 각성하고(칭의稱義), '혼'을 지혜·사랑·선행으로 정화하고(성화聖化), '불멸의 영적 육체'를 얻은 이는(영화榮華), '세상의 왕국'의 실체를 깨닫고 '하나님의 왕국'을 깨닫게 된다. 그에게 '세상'과 세상의 구성 요소인 거친 지수화풍으로 이루어진 우리 '육신'은 한 세트일 뿐이다. 이러한 물질적인 것들은 영생을 얻은 이에게 더 이상 합당하지 않다. 그는 미세한 지수화풍으로 이루어진 '불멸의 영적 육체'와 한 세트인 '천국'에서 영원히 살아가게 될 것이다.

81절

풍요로운 자가 다스릴 수 있다

예수님께서 말씀하시길 "풍요로운 자로 하여금 다스리게 하라! 그리고 권세를 가진 자로 하여금 물러나게 하라!"라고 하셨다.[164]

---

164 자신의 본질을 아는 자는 밝아지며, 자신의 내면에 존재하는 '아버지의 빛'(성령)을 깨달아 안주한 자는 만족할 줄 알게 되고 풍요로워진다. 그리하여 그는 자신의 '영·혼·육'을 다스리는 '강력한 권세'를 얻게 된다. 그렇게 모든 '무지'와 '악'을 이겨 낸 그는 물러나 '성령' 안에서 '안식'을 취하게 된다.
"남을 아는 자는 지혜로우나, 자신을 아는 자는 밝다. 남을 이기는 자는 힘이 있으나, 자신을 이기는 자는 강하다. 만족할 줄을 아는 자는 풍요롭다." (知人者智 自知者明 勝人者有力 自勝者强 知足者富, 『노자』)
"욕심내는 것보다 더 큰 죄는 없으며, 만족할 줄을 모르는 것보다 더 큰 재앙은 없다. 욕심을 채우는 것보다 더 큰 허물은 없다. 그러므로 만족할 줄을 알아서 만족해하면 늘 만족스러울 수 있다(常足)." (罪莫大於可欲 禍莫大於不知足 咎莫大於欲得 故知足之足 常足矣, 『노자』)

82절

나에게서 멀어지는 자는 왕국에서 멀어진다

예수님께서 말씀하시길 "나에게 가까이 있는 사람은 누구든지 '불'에 가까이 있는 것이다. 나에게서 멀리 떨어져 있는 사람은 누구든지 '왕국'에서 멀리 떨어져 있다."라고 하셨다.[165]

---

165 예수님은 '사람의 아들'이니, 내면의 광명한 빛으로 밝게 타오르는 자이다! '에고'(아들)가 '쇠공'이라면 '성령'(아버지)은 '불'이다. 에고는 본래 서늘한 것이 본성이나, 아버지와 하나가 되는 순간 불로 뜨겁게 타오르게 된다. 죄 많은 에고는 순수한 아버지와 하나가 되어 신성해진다. 아버지에 대한 사랑이 점차 깊어지면(사랑의 10단계) 그 합일이 더욱 완전해진다. 그렇게 되면 우리는 영원히 뜨겁게 불타오르는 쇠공이 된다. '완덕'을 이룬 '온전한 하나님의 자녀'가 되는 것이다.

이것이 아버지와 완전히 하나가 된 '성자 그리스도의 경지'이다. 우리도 성자이신 예수님에게 다가가면 예수님을 통해 이 땅에서 타오르는 '성령의 뜨거운 열기'에 의해 달궈지게 된다. '뜨거워진 쇠공'을 가까이 하면 우리도 함께 타올라 뜨거워진다. 반면 예수님에게서 멀어지면 우리는 다시 서늘해져서 '아버지의 왕국'에서 멀어지게 된다. 성령으로 불타오르는 성자의 도움으로, 우리는 결국 예

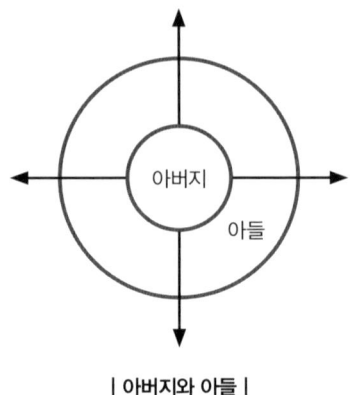

| 아버지와 아들 |

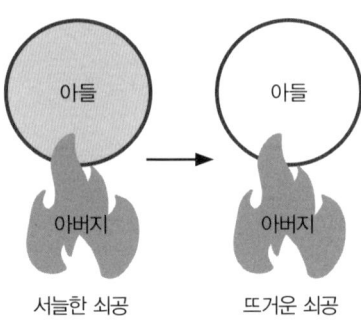

| 아버지로 열기로 뜨거워진 쇠공 |

수님을 포함한 우리 모두의 내면에 영원히 현존하는 '성령의 열기'를 각성하게 된다. 이 열기가 점차 강해져서 언제 어디서나 불타오르게 될 때, 우리는 하나님의 온전한 자녀가 될 수 있다!

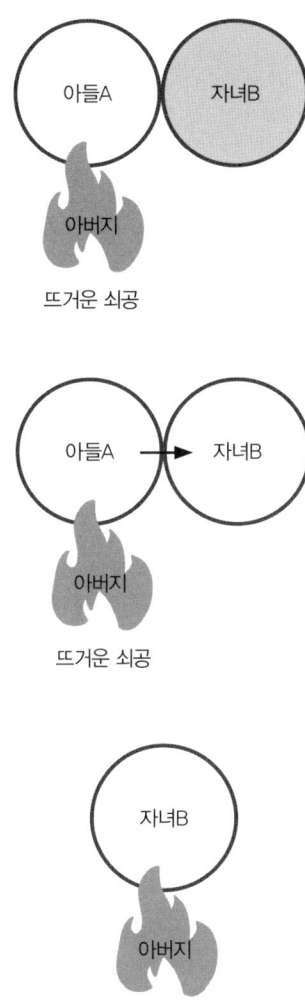

| 뜨거워진 쇠공으로 뜨거워진 쇠공 |

83절

아버지의 빛 안에 숨겨진 그분의 형상

예수님께서 말씀하시길 "겉으로 드러난 형상들은 사람들에게 보이지만, 그들 안에 있는 '빛'(빛의 형상)은 아버지의 '빛의 형상' 속에 숨겨져 있다. '그분의 빛'은 밝혀질 것이다. 그러나 '그분의 형상'은 '그분의 빛'에 의해 숨겨져 있다."라고 하셨다.[166]

---

166 각 개체의 '빛'인 '참나·영'(성령)은 모두 '아버지의 빛' 안에서 '하나'이다. 한 분이신 아버지가 각각의 '에고'를 통해 나타난 모습이 '참나·영'(성령)이다. 그분의 '빛의 분신' 즉 '우리의 참나'는 다시 밝혀져야 한다. 그러나 그분의 '순수한 형상'은 '빛' 속에 숨겨져 있다. 아버지의 '순수한 형상'은 '세피로트'(하나님의 10가지 형상)와 같은 것이다.
"그 '양심'(내면의 빛)을 극진히 하면 그 '본성'(하나님의 형상)을 알 수 있으니(본성의 직관), 그 본성을 아는 것은 '하나님을 아는 것'이다." (盡其心者 知其性也 知其性 則知天矣,『맹자』「진심 상」)
"주님, 당신의 확고한 '사랑'(仁)은 하늘까지 뻗어 있으며, 당신의 '성실'(信)은 구름까지 뻗어 있습니다. 주님, 당신의 '정의'(義)는 드높은 산줄기와 같으며, '공정'(智)은 깊은 바닷속과 같습니다. 주님께서는 사람과 동물을 똑같이 구하십니다(질서, 禮). (시편 36:5~6)

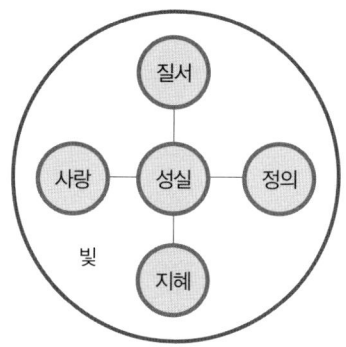

| 빛 안에 숨겨진 하나님의 형상 |

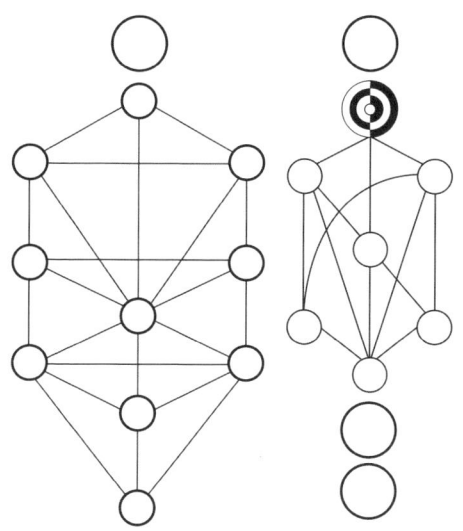

| 세피로트와 태극도 |[167]

---

167 동양에서는 '하나님의 형상'을 '천리天理'라고 하며 이는 '음양·오행'으로 표현된다. '세피로트'에 상응하는 하나님의 형상에 대한 그림으로는 '태극도'가 있다.

84절

그대들의
영원한 형상들을 보라

예수님께서 말씀하시길 "그대가 그대의 겉모습을 볼 때, 그대들은 행복해한다. 그러나 그대가 그대보다 먼저 존재하며 죽지도 않고 보이지도 않는 '그대들의 형상들'(빛의 형상들)을 보게 될 때, 그대들이 얼마나 감당할 수 있겠는가?"라고 하셨다.[168]

---

[168] 우리 내면에 현존하는 '영원한 나의 현존'(I AM)과 그 안에 새겨진 '영원한 나의 형상'은, 그대로 '영원한 하나님의 현존'이며 '영원한 하나님의 형상'이다. 이것은 우리의 에고보다 먼저 존재하였으며, 불멸이며 눈에 보이는 것이 아니다. 이것을 깨달아 감당할 수 있어야 '하나님의 자녀' '빛의 자녀'가 될 수 있다.
"'하나님'께서 명령하신 것을 '본성'(性, 하나님의 형상)이라 이르고, 본성을 따르는 것을 '길'(道, 인간의 도리)이라 이르며, 길을 닦는 것을 '가르침'(敎)이라 이른다."(天命之謂性 率性之謂道 修道之謂敎,『중용』)

85절

아담보다 그대들이 위대하다

예수님께서 말씀하시길 "아담은 큰 권세와 큰 풍요로움에서 왔다. 그러나 그는 그대들만큼 가치 있지는 않다. 만약 그가 가치가 있었다면 그는 죽음을 맛보지 않았을 것이다."라고 하셨다.[169]

---

[169] 살아서 '하나님의 현존과 진리'에 안주하여 '칭의·성화·영화'를 이룬 '하나님의 자녀'가, 죽음을 맛본 아담보다 위대하다.

86절

사람들의
영원한 안식처[170]

예수님께서 말씀하시길 "여우도 그들의 굴이 있고, 새들도 그들의 둥지가 있다. 그러나 사람들은 누워서 쉴 자리가 없다."라고 하셨다.[171]

---

170 "예수님께서 길을 가실 때에 어떤 이가 묻기를 '어디로 가시든지 저도 따르겠습니다.'라고 하였다. 그러자 예수님께서 말씀하시길 '여우도 굴이 있고 공중의 새도 집이 있으나, 인자는 머리 둘 곳이 없도다.'라고 하셨다." (누가복음 9:57~58)

171 이 세상에는 '영원한 안식처'가 없다. 세상은 무상한 곳이다. 영원한 안식처는 우리 내면의 시공을 초월한 '하나님의 현존과 하나님의 진리'이다. 자신의 안식처를 찾아라! 안식일은 바로 오직 '하나님의 현존과 진리' 안에서 안식하는 날이다!

"『시경』에 이르길 '저기 우는 황조, 언덕 모퉁이에 머무는구나!'라고 하였으며, 공자께서 말씀하길 '머무르고자 함에 머물 곳을 알아야 하니, 사람으로서 새만 못하겠는가?'(양심의 현존과 진리에 머물러야 함)라고 하셨다." (詩云 緡蠻黃鳥 止于丘隅 子曰 於止 知其所止 可以人而不如鳥乎, 『대학』)

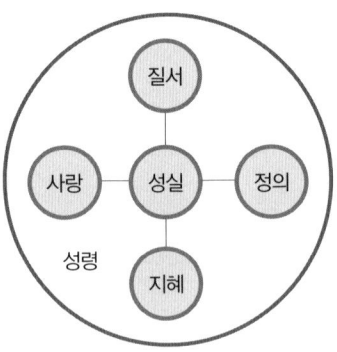

| 하나님의 현존과 진리 |

87절

다른 육체에 의존하는 육체와 영혼은 비참하다

예수님께서 말씀하시길 "한 육체에 의존하는 육체는 얼마나 비참한가? 또한 이 둘에 의존하는 영혼은 얼마나 비참한가?"라고 하셨다.[172]

---

172 다른 육체를 먹고 사는 육체는 무상하다. 이 '무상한 물질의 육체'에 의존하여 존재하는 '영혼'은 비참할 뿐이다. 육체와 함께 사라질 것 아닌가? '죽음'이 자신의 것을 찾기 이전에, '불멸의 영'(성령)을 각성하고, 자신의 '혼'을 지혜와 사랑과 선행으로 성스럽게 만들고, 다른 육체에 의존하지 않는 '불멸의 영적 육체'를 이루어 '영생'을 얻어야 한다.

88절

성령을 깨달은 이가 천사들, 선지자들보다 위대하다

예수님께서 말씀하시길 "천사들과 선지자들이 그대들에게 와서 그대들이 소유한 것들을 줄 것이다. 그러면 그대들은 그대들이 가진 것을 그들에게 주어라. 그리고 스스로에게 '그들은 언제 그들이 소유한 것들을 와서 가져갈 것인가?'라고 물어라."라고 하셨다.[173]

---

[173] 천사들과 선지자들이 그대들에게 찾아와서 '성령'의 메시지를 전달하여, 그대들이 '성령'을 깨닫도록 해 준다고 하더라도, 그대들은 그것이 본래부터 그대들의 것이었음을 알아야 한다. 그리고 그대들이 가진 것을 그들에게 베풀어 주어라. 그들에게 '성령의 은총'을 베풀어 주어라. 그리고 스스로 생각해 보라. "도대체 왜 그들은 성령의 메신저 역할만 하는가? 그들은 왜 그들이 본래 가지고 있는 '성령'을 찾으려 하지 않는가?"라고 말이다. 모든 천사들과 선지자들보다 본래의 신성인 '성령'을 회복한 그대들이 더욱 위대하다!

"예수님께서 말씀하시길 '아담에서 세례 요한에 이르기까지, 여자에게서 태어난 사람들 중에 세례 요한보다 더 큰 사람이 없다. 그러니 그에게서 눈길을 돌려서는 안 된다. 그러나 나는 말하노니, 그대들 중에 '갓난아이'가 된 자는 누구나 '그

왕국'을 깨닫게 될 것이며, 요한보다 더 위대하게 될 것이다.'라고 하셨다." (도마복음 46절)

89절

속을 만드신 분이 바깥도 만드셨다[174]

예수님께서 말씀하시길 "그대들은 왜 잔의 바깥을 닦는 것인가? 속을 만드신 분이 바깥도 만드신 분이라는 것을, 그대들은 깨닫지 못하겠는가?"라고 하셨다.[175]

---

174 "재앙이 있을 것이다! 위선자인 서기관들과 바리새인들이여! 잔과 접시의 겉은 깨끗이 하되, 그 안은 탐욕과 방탕으로 가득 차게 하였기 때문이다. 눈먼 바리새인아, 너희는 먼저 잔과 접시의 안을 깨끗이 하라! 그러면 겉도 깨끗해질 것이다." (마태복음 23:25~26)

175 "소인이 한가로이 있을 때에 악한 짓을 함에 못하는 짓이 없다가, 군자를 본 뒤에 슬그머니 그 악한 짓을 숨기고 선함을 드러낸다. 남들이 그 사람을 봄에 폐부肺腑를 다 들여다보듯 할 것이니 무슨 유익함이 있겠는가. 이것을 일러 '속마음이 정성스러우면 밖으로 형체가 나타난다.'라고 하는 것이다. 그러므로 군자는 반드시 그 '홀로 아는 자리'(속마음)를 진실하게 하는 것이다." (小人閒居爲不善 無所不至 見君子而后 厭然揜其不善 而著其善 人之視己 如見其肺肝然 則何益矣 此謂誠於中形於外 故君子·必愼其獨也, 『대학』)

90절

나와 연합하여 안식을 찾아라

예수님께서 말씀하시길 "나에게 오라! 나의 멍에는 편하고, 나의 다스림은 온유하다. 그대들은 자신을 위한 '안식'을 찾게 될 것이다."라고 하셨다.[176]

---

[176] 예수님의 인격은 '쇠공'이고, 예수님의 안식처인 하나님 아버지는 타오르는 '불'이다. 하나님과 늘 하나이신 예수님은 늘 뜨겁게 달궈진 쇠공의 상태이다. 그래서 우리가 "예수님, 자비를!" 하고 기도하며, 예수님과 하나로 연합하면 그 열기를 전해 받게 된다. 나아가 자신의 내면에 존재하는 자신의 '불씨' 즉 자신 내면의 '성령'(하나님의 영, I AM)을 찾게 된다. '멍에'란 수레와 소나 말을 연결하는 도구로, 소나 말의 목덜미에 얹어서 사용하는 굽은 나무이다. 멍에를 통해 수레와 소나 말은 '한 몸'이 된다.
"수고롭고 무거운 짐을 진 그대들이여 모두 나에게 오라! 그러면 내가 그대들을 쉬게 할 것이다. 그대들은 나의 멍에를 메고 나에게 배우라. 나는 마음이 온유하고 겸손하니(남을 나처럼 사랑하는 자비), 그대들의 영혼이 '안식'을 찾게 될 것이다(성령의 현존에 안식). 나의 멍에는 편하고, 나의 짐은 가볍다." (마태복음 11:28~30)
"나는 그대들에게 '평화'(성령의 현존이 주는 평화)를 남기고 간다. 내가 그대들에게 주는 '평화'는 세상이 주는 평화가 아니다. 걱정하지도 말고 두려워하지도 마라!" (요한복음 14:27)

91절

그대들 면전에 있는 사람이 누구인가

    그들이 그분에게 말하기를 "우리가 당신을 믿을 수 있도록, 당신이 누구신지 말씀해 주십시오."라고 하였다.

    그분께서 그들에게 말씀하시길 "그대들은 하늘과 땅의 형세는 분별하지만, '그대들의 면전에 있는 사람'이 누구인지는 깨닫지 못한다. 그리고 그대들은 '지금 이 순간'을 분별할 줄 모른다."라고 하셨다.[177]

---

177 '혈육의 자녀'는 오감에 포착되는 하늘과 땅의 형세를 관찰하여 법칙을 발견할 수 있으나, '성령의 현존' 안에서 자신의 눈앞에 현존하는 사람을 분별할 줄은 모른다. 자신의 면전에 현존하는 사람은 바로 자신의 '성령'(영원한 나의 현존, I AM)의 신비한 작용으로 존재하는 것이다. '성령'을 모르는 혈육의 자녀는 면전의 존재를 알 수 없으며, '영원한 현존'인 '지금 이 순간'을 분별할 수 없다. 상황이 이러하니 '성령의 온전한 분신'인 '성자'를 어찌 알아볼 수 있을 것인가?

92절

그대들은 더 이상 구하지 않는다

예수님께서 말씀하시길 "구하라! 그러면 그대들은 찾게 될 것이다![178] 과거에는 그대들이 나에게 묻는 것에 대해 내가 말해 주지 않았다. 그러나 이제는 내가 그것에 대해 말하고자 한다. 그러나 그대들은 나에게 구하지 않는다."라고 하셨다.[179]

---

[178] 구하면 반드시 얻을 것이다! 그 구하는 것이 본래 그대들의 것이기 때문이다.

[179] 예전에는 그대들이 알아듣기 어려울 것 같아서 물어도 대답을 해 주지 못했다. 이제는 그대들에게 말해 줄 것이다. "그대들이 바로 '하나님'이다! 그대들이 찾는 '성령'(하나님의 영)은 본래 그대들 안에 현존해 있었다!" 그러나 그대들은 더 이상 묻지 않는다. 그대들은 벌써 흥미를 잃어 가고 있다. 그대들은 절실히 구하지 않고 작은 것에 만족해 버렸다. 그래서는 큰 깨달음을 얻을 수 없다. 쉼 없이 정진하라! 작은 깨달음에 만족하지 마라!

93절

거룩한 것을
개에게 주지 마라[180]

"거룩한 것을 개에게 주지 마라! 개가 그것을 거름 더미에 던져 버릴 것이다. 돼지에게 진주를 던지지 마라! 그들이 그것을 … ."[181]

---

180 "거룩한 것을 개에게 주지 마라! 그대들의 진주를 돼지 앞에 던지지 마라! 그들이 그것을 발로 짓밟고 돌아서서 그대들을 해칠 것이다." (마태복음 7:6)

181 "뛰어난 선비는 도道를 들으면 부지런히 실천하며, 중등의 선비는 도를 들으면 들은 듯 만 듯하며, 저열한 선비는 도를 들으면 크게 비웃는다. 크게 비웃지 않으면 도가 되기에 부족하다." (上士聞道 勤而行之 中士聞道 若存若亡 下士聞道 大笑之 不笑 不足以爲道, 『노자』)

94절

구하는 자는 찾을 것이다[182]

예수님께서 말씀하시길 "구하는 자는 찾을 것이며, 두드리는 자에게는 열릴 것이다!"라고 하셨다.[183]

---

182 "내가 그대들에게 말한다. 청하여라, 그대들에게 주실 것이다. 찾아라, 그대들이 얻을 것이다. 문을 두드려라, 그대들에게 열릴 것이다. 누구든지 청하는 이는 받고, 찾는 이는 얻고, 문을 두드리는 이에게는 열릴 것이다. 그대들 가운데 어느 아버지가 아들이 생선을 청하는데, 생선 대신에 뱀을 주겠느냐? 달걀을 청하는데 전갈을 주겠느냐? 그대들이 악해도 자녀들에게는 좋은 것을 줄 줄 알거든, 하늘에 계신 아버지께서야 당신께 청하는 이들에게 '성령'을 얼마나 더 잘 주시겠느냐?" (누가복음 11:9~13)

183 "구하면 얻을 수 있고, 내버려 두면 잃어버리는 것이 있다. 이러한 구함은 얻는 데 도움이 되니(구하면 누구나 얻을 수 있다!), 구하는 것이 '나에게 있기 때문이다(본래 내가 가진 것을 구하는 것!)." (求則得之 舍則失之 是求有益於得也 求在我者也, 『맹자』「진심 상」)

95절

다시 돌려받지 못할 자들에게 주어라[184]

예수님께서 말씀하시길 "만약 그대들이 돈을 가지고 있다면, 이자를 받고 빌려주지 마라! 오히려 다시 돌려받지 못할 자들에게 주어라!"라고 하셨다.[185]

---

184 "다시 받을 요량으로 남에게 빌려주면, 그것이 그대들에게 무슨 영예가 되겠는가? 죄인들도 다시 받을 요량으로 죄인들에게 빌려준다. 그러니 그대들은 그대들의 원수를 사랑하고, 선하게 대해 주며, 대가를 바라지 말고 빌려주어라. 그러면 그대들은 큰 상을 받을 것이며, 가장 높으신 분의 자녀가 될 것이다. 그분은 은혜를 모르는 자들과 악한 자들에게도 자비로우시기 때문이다. 그대들의 아버지께서 자비로우신 것과 같이 그대들도 자비로워야 한다." (누가복음 6:34~36)

185 대가를 받을 생각을 하지 말고, 남을 나와 '하나'로 여기고 빌려줘라! 형편껏 남을 도와줘라. 어려운 형편에 있는 사람을 그냥 무시하고 물리치지 마라.
"덕을 조심스럽게 실천하고자 한다면 지극히 작은 일부터 조심스럽게 실천해야 한다. 은혜를 베풀고자 한다면 갚을 수 없는 사람에게 베풀고자 힘써야 한다." (謹德 須謹於至微之事 施恩 務施於不報之人, 『채근담菜根譚』)

96절

적은 누룩과 같은 성령의 불씨[186]

예수님께서 말씀하시길 "'아버지의 왕국'은 한 여자의 경우와 같다. 그녀가 적은 누룩을 가져다가 반죽에 넣어서, 거대한 빵 덩어리를 만들었다. 여기 있는 사람들 중에 누구라도 들을 만한 귀가 있는 자는 들어라."라고 하셨다.[187]

---

186 "예수님께서 다른 비유로 그들에게 말씀하시길 '하늘의 왕국은 누룩과 같아서, 한 여인이 그것을 집어 밀가루 서 말에 넣고 섞었더니 온통 부풀어 올랐다.'라고 하셨다." (마태복음 13:33)

187 적은 누룩이 반죽을 거대한 빵 덩어리로 부풀리듯이, 미세한 '성령의 불씨'를 잘 살려 내면 온 세상을 '진리와 평안'으로 타오르게 하여 나와 남 모두를 구원할 것이다!

97절

늘 깨어있어야
아버지의 왕국에 이를 수 있다

예수님께서 말씀하시길 "'그 왕국'은 곡식이 가득한 항아리를 옮기는 한 여자의 경우와 같다. 그녀가 먼 길을 걷는 동안, 항아리의 손잡이가 부러져서 곡식이 그녀가 걸어온 길에 쏟아졌으나, 그녀는 알아차리지 못했다. 그녀는 어떠한 문제도 느끼지 못하였다. 그녀가 집에 도착했을 때, 그녀는 항아리를 내려놓았고, 비로소 항아리가 비었다는 것을 발견하였다."라고 하셨다.[188]

---

[188] 세상의 욕심에 휘둘리는 '혈육의 자녀'는 방심하여 항아리 속의 곡식이 쏟아지는 것도 모르는 여자와 같은 삶을 산다. 삶의 모든 순간에 늘 깨어있어야 한다. 그래야 '하나님의 자녀'가 되어 '아버지의 왕국'에 이를 수 있다. 항상 '성령의 현존과 진리' 안에 머물며, '성령의 진리'대로 생각하고 말하고 행동하는 것이, 늘 깨어있는 것이다!
"늘 깨어있어라!" (마가복음 13: 37)

98절

힘이 센 사람을 죽여 아버지의 왕국에 이르라

예수님께서 말씀하시길 "'아버지의 왕국'은 힘이 센 사람을 죽이고자 하는 한 사람의 경우와 같다. 집에 있는 동안에, 그는 그의 검을 뽑아 벽을 찔러서, 그의 기술이 잘 들어가는지 알아내었다. 그리하여 그는 그 힘이 센 사람을 죽였다."라고 하셨다.[189]

---

[189] '아버지의 왕국'은 '성령의 진리'대로 다스려지는 곳이다. 그러니 우리는 늘 '성령의 현존' 안에 머물면서 매사에 '성령의 진리'를 표준으로 삼아, 선과 악을 판별하는 '지혜'와 선을 실천하고 악을 짓지 않는 '실천'을 갈고 닦아야 한다. 천국에 이르는 기술을 갈고 닦아야만, '악의 마음'(비양심)을 제압하여 없애고 아버지의 왕국에 이를 수 있다.

99절

누가 나의 형제와 어머니인가[190]

제자들이 그분에게 말하기를 "당신의 형제와 어머니께서 밖에 계십니다."라고 하였다.

그분께서 그들에게 말씀하시길 "여기서 나의 '아버지'가 원하는 것을 실천하는 사람들이 나의 형제요, 어머니이다. 그들이 나의 '아버지의 왕국'에 들어갈 사람들이다."라고 하셨다.[191]

---

[190] "그때 예수의 어머니와 그 형제들이 왔으나, 무리들로 인하여 가까이하지 못하였다. 어떤 이가 이르길 '당신의 어머니와 형제들이 당신을 보려고 밖에 서 있습니다.'라고 하였다. 예수님께서 대답하여 이르시길 '나의 어머니와 형제들은 하나님의 말씀을 듣고 실천하는 사람들이다.'라고 하셨다." (누가복음 8:19~21)

191 예수님의 '육신의 가족'이라고 해서 아버지의 왕국에 가는 것이 아니다. 육신은 무상한 것이다. 오직 '성령'으로 거듭나서 '아버지의 뜻'(아버지의 진리)을 따르는 자들이 '영생'을 얻어 아버지의 왕국에서 함께 살아갈 '성령의 가족'이다.

"나에게 '주님, 주님!'이라고 부른다고 해서, 모두 다 하늘의 왕국에 들어갈 수 있는 것은 아니다. 오직 하늘에 계시는 나의 '아버지의 뜻'을 실천하는 자라야 그 왕국에 들어갈 수 있다. 그날에는 많은 사람이 나를 보고 '주님, 주님! 우리가 주님의 이름으로 예언을 하고, 주님의 이름으로 마귀를 쫓아내고 많은 기적을 행하지 않았습니까?' 하고 말할 것이다. 그러나 그때에 나는 그들에게 분명히 말할 것이다. '너희 악한 자들아! 나에게서 물러가라. 나는 너희들을 전혀 알지 못한다.'라고." (마태복음 7:21~23)

"나는 '나의 뜻'이 아니라, '나를 보내신 분(하나님)의 뜻'을 실천하고자 하늘에서 내려왔다." (요한복음 6:38)

100절

나의 것은
나에게 돌려주어라[192]

그들이 예수님께 금화 한 닢을 보여 주면서 그분에게 말하기를 "로마 황제의 사람들이 우리에게 세금을 요구합니다."라고 하였다.

---

192 "그때 바리새인들이 가서 어떻게 하면 예수님께서 말씀하시는 것으로 함정에 빠지게 할까 의논하였다. 그들은 자기 제자들을 헤롯 당원들과 함께 예수님께 보내어 말씀드리게 하였다. '선생님이여, 우리들은 당신이 참되시고 진리로 하나님의 길을 가르치시며, 어떤 사람도 꺼리지 않으시니, 이는 사람을 외모로 보지 않으시기 때문이라고 알고 있습니다. 그러면 당신의 생각을 우리에게 말씀해 주십시오. 카이사에게 세금을 바치는 것이 옳습니까, 옳지 않습니까?' 예수님께서 그들의 악함을 아시고 말씀하시길 '위선자들아, 어찌하여 나를 시험하느냐? 세금으로 내는 동전을 내게 보이라!'라고 하셨다. 그들이 데나리온 하나를 가져왔다. 예수님께서 말씀하시길 '이 형상과 이 글이 누구의 것이냐?'라고 하셨다. 그러자 이르길 '카이사의 것입니다.'라고 하였다. 이에 말씀하시길 '카이사의 것은 카이사에게, 하나님의 것은 하나님께 바쳐라!'라고 하셨다. 그들은 이 말씀을 듣고 놀라서 예수님을 떠나갔다." (마태복음 22:15~22)

그분께서 그들에게 말씀하시길 "황제에게 속한 것은 황제에게 돌려주어라! '하나님'께 속한 것은 '하나님'께 돌려드려라! 그리고 '나'의 것은 '나'에게 돌려주어라!"라고 하셨다.[193]

---

193 이 대화는 바리새파와 헤롯 당원들이 예수님을 시험한 질문에 대한 대답이다. 세금에 반대한다는 꼬투리를 잡아서 예수님을 엮으려 하였으나, 지혜롭게 물리치셨다. 황제의 것은 황제에게 주어라! '하나님의 것'은 '하나님'(성부)께 드려라! '나의 것'은 '나'에게 주어라! 이것은 너무나 '자명한 진리'가 아닌가? '나'(I AM, 성령·영)에게 속한 것(혼과 육)은 '나'에게 돌려주라! 그리고 '영원한 나의 현존' 안에서 안식하라!

101절

참된 아버지와
참된 어머니[194]

"나처럼 (육신의) 아버지와 어머니를 미워하지 않은 사람들은 누구도 나의 제자가 될 수 없다. 나처럼 (영적인) 아버지와 어머니를 사랑하지 않는 사람들은 누구도 나의 제자가 될 수 없다. 나의 어머니는 …, 나

---

194 "내가 세상에 '평화'를 주러 온 줄로 생각지 말라. 평화가 아니라 '검'을 주러 왔다. 내가 온 것은 아들이 아버지와, 딸이 어머니와, 며느리가 시어머니와 불화하게 하기 위해서이다. (혈육의 자녀를 하나님의 자녀로 거듭나게 함) 사람의 원수가 자기 집안 식구가 될 것이니, 아버지나 어머니를 나보다 더 사랑하는 자는 내게 합당하지 않고, 아들이나 딸을 나보다 더 사랑하는 자도 내게 합당치 않다. (① 영적 각성으로 하나님의 의로운 자녀가 되는 칭의稱義에 대한 가르침) 또 '자신의 십자가'(하나님의 진리, 십자가의 진리)를 지고 나를 따르지 않는 자도 내게 합당치 않다. (② 혼의 성화로 하나님의 거룩한 자녀가 되는 성화聖化에 대한 가르침) 자신의 생명(육신의 생명)을 얻으려는 자는 생명을 잃을 것이요, 나를 위하여 자신의 생명을 버리는 자는 생명(영원한 생명)을 얻을 것이다. (③ 육의 부활로 하나님의 영광스러운 자녀가 되는 영화榮華에 대한 가르침)" (마태복음 10:34~39)

의 '참된 어머니'는 나에게 '생명'을 주셨다."[195]

---

[195] 나의 '육신의 어머니'는 나에게 '죽음'을 주었으나(육적인 몸은 죽어 사라질 몸), 나의 '참된 어머니'는 나에게 '영원한 생명'을 주었다(영적인 몸은 영원히 불멸하는 몸). '참된 아버지'는 '성부'(하나님의 본체)요, '참된 어머니'는 '성령'(하나님의 작용)이다.
"그러나 나는 홀로 사람들과 다르고자 하니, '먹여 주는 엄마'(食母, 천지만물을 양육하시는 하나님)를 귀하게 여기네." (我獨異於人 而貴食母, 『노자』)
"'나라의 엄마'(몸을 길러 주시는 하나님)를 얻으면 오래갈 수 있다(영생의 획득). 이것을 '뿌리(하나님)를 깊게 하고 뿌리를 견고하게 함'이라고 말한다. 장구하게 살 수 있는 도리이다." (有國之母 可以長久 是謂深根固柢 長生久視之道, 『노자』)

102절

잠자는 개와 같은 바리새인들

예수님께서 말씀하시길 "화가 있을 것이다! 바리새인들이여. 그들은 소의 여물통을 지키는 '잠자는 개'와 같다. 개 자신도 여물을 먹을 수 없으며, 소도 먹을 수 없게 한다."라고 하셨다.[196]

---

[196] 참된 군자는 '수기치인修己治人'(자신을 닦아 남을 다스림)하며, 참된 보살은 '자리이타自利利他'(자신을 이롭게 하여 남을 이롭게 함)한다. 그러나 바리새인은 '자해해타自害害他'(자신을 해롭게 하여 남을 해롭게 함)하니 참으로 저주받아 마땅하다.

103절

반역자들이 도착하기 전에 미리 막아라

예수님께서 말씀하시길 "반역자들이 장차 어디를 공격해 올지 아는 사람들은 축복받을 것이다. 그들이 가서 황제의 자원을 모아, 반역자들이 도착하기 전에 미리 방비할 수 있을 것이다."라고 하셨다.[197]

---

[197] 매 순간 깨어있어라! 깨어있는 자는 '생각·감정·오감'을 통해 우리를 '악'(비양심)으로 인도하는 '사탄의 도발'을 곧장 알아차리고 막을 수 있다. 깨어있지 못한 비몽사몽의 상태에서는 사탄의 도발을 알아차릴 수 없고 막아 낼 수 없을 것이다. 비몽사몽의 상태에서는 '겉사람'(혈육의 자녀의 마음, 욕심) 위주로 산다. 그래서 사탄의 도발에 방어할 수 없다. 그러나 깨어있는 상태에서는 '속사람'(성령의 자녀의 마음, 양심) 위주로 산다. 그래서 사탄의 유혹이 있더라도 모든 것이 '성령'에 의해 간파되며 곧장 제압된다.
"'경敬'(깨어있음, 양심의 현존에 안주)을 지니면 '천리天理'(하나님의 진리)가 항상 밝아서(진리의 직관) 자연히 '인욕人慾'(인간의 비양심)이 억제되어 사라질 것이다(진리의 분석과 실천)." (敬則天理常明 自然人欲懲窒消治, 『주자어류』)
"귀와 눈으로 보고 듣는 것은 '밖의 도적'이며, 감정과 욕망 그리고 알음알이는

'안의 도적'이다. 다만 '주인공'(참나, I AM)이 홀로 집 가운데 앉아 있되 또랑또랑 깨어있어서 어둡지 않으면, 도적들이 곧장 변화하여 집안 식구들이 될 것이다."(耳目見聞爲外賊 情欲意識爲內賊 只是主人翁 惺惺不昧 獨坐中堂 賊便化爲家人矣, 『채근담』)

104절

내가 무슨 죄를 지었는가[198]

그들이 예수님께 말하기를 "오십시오. 오늘 저희와 기도를 하시고, 저희와 금식을 하십시다."라고 하였다.

예수님께서 말씀하시길 "내가 무슨 죄를 지었느냐? 아니면 내가 어떤 잘못을 했는가? 신랑이 신부의 방을 떠날 때, 사람들이 금식하고 기도하게 하라."라고 하셨다.[199]

---

198 "그때에 요한의 제자들이 예수님께 나와 말하길 '우리와 바리새인들은 금식하는데 어찌하여 당신의 제자들은 금식하지 않습니까?'라고 하였다. 예수님께서 그들에게 이르시길 '혼인집 손님들이 신랑과 함께 있을 동안에 슬퍼할 수 있는가? 그러나 신랑을 빼앗길 날이 이를 것이니 그때에는 금식할 것이다. 새 천 조각을 낡은 옷에 붙이는 자가 없나니, 이는 기우려고 댄 천 조각이 그 옷을 당기어 더 찢어지게 되기 때문이다. 새 포도주를 낡은 가죽 부대에 넣지 않으니, 그렇게 하면 부대가 터져 포도주도 쏟아지고 부대도 버리게 되기 때문이다. 새 포도주는 새 부대에 넣어야 둘 다 보전된다.'라고 하셨다." (마태복음 9:14~17)

199 형식적인 '금식'과 '기도'는 '혼과 육의 죄'를 정화시키고자 하는 방편일 뿐이다. 하나님과 '하나'로 합일되어 '빛'(성령)으로 온전해진 '빛의 사람'(성자)은 그러한 형식적인 금식과 기도가 필요 없다. 성령의 열기로 타오르는 쇠공인 성자가 우리 곁에 있을 때 인류도 눈에 보이는 '성령의 화신'을 맞이하게 되니, 낡은 율법에 따른 형식적인 금식과 기도가 아니라 실질적인 '성자와의 연합'에 힘써야 한다. 그리하여 '성령' 안에서 '성부·성자·성도'가 하나가 되어야 한다. '빛의 사람'인 신랑(성자)이 신부(성도)의 방을 떠나 인류가 다시 빛을 잃고 어둠에 빠졌을 때, 그때 길을 잃은 인류에겐 금식과 기도의 정화가 필요할 것이다.

105절

참된 부모를 모르는 창녀의 자녀

예수님께서 말씀하시길 "그 아버지와 어머니만을 아는 자는 '창녀의 자녀'라고 불릴 것이다."라고 하셨다.[200]

---

[200] 육체의 아버지와 어머니만을 아는 자는 자신의 '참된 아버지'를 모르는 '창녀의 자녀'와 같다.

106절

아담의
자녀가 되어라

예수님께서 말씀하시길 "그대들이 '둘'을 '하나'로 만들 때, 그대들은 '아담의 자녀'가 될 것이다. 그대들이 '산아, 여기서 움직여라!'라고 말한다면, 산이 움직일 것이다."라고 하셨다.[201]

| 완전한 인간 |[202]

---

201 여기서 말하는 '아담'은 타락하기 이전의 인간, 하나님께서 '하나님의 형상'대로 창조하신, 그리고 하나님의 명령에 순종하던 '완전한 인간'을 말한다. 완전한 인간은 하나님 아버지와 하나가 된 인간이니, 천지만물도 그 명령을 듣는 존재가 된다.

202 예수님은 모든 이원성을 '하나'로 통합한 '완전한 인간'이다!

107절

잃어버린 한 마리 양이 더 간절하다[203]

예수님께서 말씀하시길 "'그 왕국'은 100마리의 양을 소유한 목자의 경우와 같다. 100마리 중에 가장 큰 한 마리가 길을 잃자, 그는 나머지 99마리를 남겨 두고, 그 한 마리를 찾을 때까지 찾아다녔다. 그는 아주 고생하여 양을 찾아낸 뒤에, 그 양에게 '나는 99마리보다 너를 더 사랑한다.'라고 말하였다."라고 하셨다.[204]

---

[203] "그대들 생각에는 어떻겠는가? 만약 어떤 사람이 양 100마리가 있는데, 그중에 하나가 길을 잃었으면, 그 99마리를 산에 두고 가서 길을 잃은 양을 찾지 않겠는가? 진실로 그대들에게 이르노니 만약 찾으면 길을 잃지 않은 99마리보다 이것을 더 기뻐할 것이다. 이와 같이, 이 어린아이들 중에 하나라도 잃어버리는 것은, 하늘에 계신 그대들 '아버지의 뜻'이 아니다." (마태복음 18:12~14)

204 잃어버린 '마지막 퍼즐 한 조각', 잃어버린 '한 마리 양'이 찾는 사람의 마음을 더 애타게 하듯이, 이미 '하나님의 자녀'가 된 사람보다 지금 구원받지 못한 그대가 예수님께는 더욱 사랑스럽다! 자신의 불완전함을 탓하지 말고, 지금 이 순간부터 '성령'을 각성하고 '하나님의 말씀'(성령의 진리)을 실천하여 '하나님의 자녀'가 되자! 나중에 된 자가 더 큰 사랑을 받을 것이고, 결국 처음 된 자와 하나가 될 것이다. 그러니 절대 포기하지 말고 어서 '성령'을 구하라!

108절

내 입으로부터 마시는 자는 나처럼 될 것이다

예수님께서 말씀하시길 "누구든지 내 입으로부터 마시는 자는 나처럼 될 것이다. 나는 그 사람이 될 것이고, 숨겨진 것들이 그에게 드러날 것이다."라고 하셨다.[205]

205 내 입에서 나오는 '나의 가르침'은 '아버지'로부터 나오는 '아버지의 말씀'이다. 나는 달궈진 쇠공이니 내 안에서 나오는 열기는 모두 '아버지의 열기'이다. 이 열기에 가까이 온 자들은 모두 뜨겁게 달궈져서 나와 하나가 될 것이다. 그러면 그는 나처럼 뜨겁게 달궈져서 '나'와 '하나님'의 열기 안에서 '하나'가 될 것이며, 나처럼 이 열기의 근원인 '아버지'와 '하나'가 될 것이다. 그리고 '성령' 안에서 '아버지의 왕국'의 '완전한 법'인 '아버지의 말씀'을 훤히 깨닫고 거기에 안주하게 될 것이다.

"만약 그대들이 나의 '가르침'(서로 사랑하라!)에 머물면, 나의 참된 제자가 될 것이다. 그대들이 '진리'(나와 남이 본래 '하나')를 알면 진리가 그대들을 자유롭게 할 것이다." (요한복음 8:31~32)

"모든 더러운 것과 넘치는 악을 버리고, 그대들의 영혼을 구원할 힘을 지닌, 그대들 안에 심어진 '말씀'(사랑의 진리)을 온유하게 받아들이십시오. 그대들은 말씀을 실천하는 자가 되어야 합니다. 말씀을 듣기만 하여 자신을 속이는 자가 되지 마십시오." (야고보서 1:21~22)

"'완전한 법' '자유의 법'을 들여다보고 거기에 안주하는 자들은, 듣고 잊어버리는 자가 아니라 행위로 옮기는 자가 됩니다. 그들은 그들의 행위로 축복받을 것입니다." (야고보서 1:25)

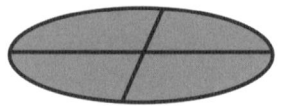

| 성령, 하나님의 왕국 |

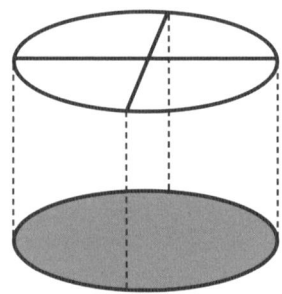

| 말씀, 왕국의 법 |

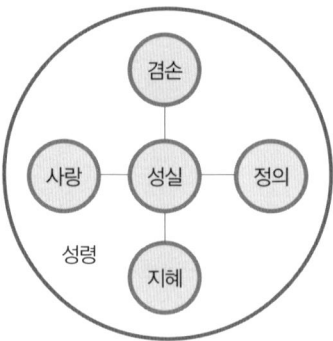

| 성령에 새겨진 말씀 |

109절

보물이 숨겨진 밭

　예수님께서 말씀하시길 "'그 왕국'은 그의 밭에 숨겨진 보물이 있으나, 이를 모르는 한 사람의 경우와 같다. 그가 죽자 그는 그의 아들에게 이 보물을 물려주었다. 그러나 그 아들도 역시 이 보물에 대해 알지 못하였기에, 그 밭을 인수하여 팔았다. 그 밭을 산 사람은 밭을 경작하다가 그 보물을 발견하여, 원하는 사람이면 누구에게든 이자를 받고 돈을 빌려주기 시작하였다."라고 하셨다.

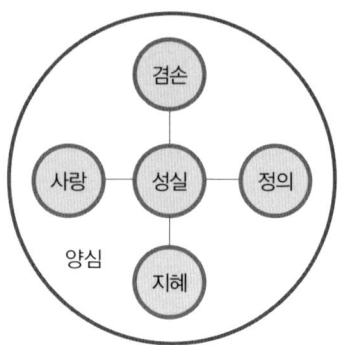

| 양심에 새겨진 양심의 원리 |[206]

206 "신이 살피건대, 사람의 '한마음'(一心, 양심)에는 '온갖 원리'(萬理, 양심의 원리)가 모두 갖추어져 있어서, 요와 순의 '사랑'(仁), 탕왕과 무왕의 '정의'(義), 공자와 맹자의 '도리'(道)가 모두 '본성' 안에 갖추어져 있습니다. 단지 이 '품부한 기운'(氣稟)이 구속과 장애가 되고, '물욕'이 무너뜨려서, 밝은 것이 어두워지고, 바른 것이 사악해졌으며, 미혹하여 어리석은 중생이 되어, 실상 새나 짐승과 다를 것이 없어졌습니다.

그러나 본래 갖추어져 있는 '원리'(理, 양심의 원리)는 본래부터 여전히 광명하고 올바릅니다. 단지 가려졌을 뿐, 끝내 사라지는 원리가 없기 때문에, 진실로 그 어두운 것을 제거하고, 사악한 것을 끊을 수 있다면, 요와 순, 탕왕과 무왕, 공자와 맹자와 같은 성인이 바깥에서 힘을 빌리지 않아도 될 수 있습니다.

비유하자면, 어떤 사람이 자기 집에 있는 한량이 없는 '보물'을 으슥한 곳에 묻어 놓고는, 스스로 알지 못하여 춥고 가난하게 구걸하며 사방을 떠도는 것과 같습니다. 만약 선각자를 만나 보물이 감추어진 자리를 알고, 독실히 믿어서 의심하지 않고 그 묻혀 있는 무한한 보물을 발굴한다면, 모두 자신의 소유가 될 것입니다." (이율곡, 『성학집요聖學輯要』)

110절

풍요로워진 자 세상을 단념하라

예수님께서 말씀하시길 "세상을 발견하고 풍요로워진 사람으로 하여금 세상을 단념하게 하라!"라고 하셨다.[207]

---

[207] '세상'과 '육신'의 비밀을 깨닫고, '성령의 현존'에 안주하며(칭의稱義), '성령의 진리'를 생각과 말과 행동으로 실천하고(성화聖化), '성령의 에너지'로 인하여 부활체를 얻어(영화榮華) 풍요로워진 사람에게는, 이 세상이 아니라 '아버지의 왕국'이 합당하게 된다.
"① 자신의 불변의 본성을 각성하고(영의 각성), ② 닦아야 할 공덕을 완수한(혼의 성화·육의 영생) 사람만이 하늘나라에 올라 영원한 행복을 누릴 수 있다."
(惟性通功完者 朝永得快樂, 『삼일신고』)

111절

살아 있는 분으로 말미암아 살아나라

예수님께서 말씀하시길 "하늘들과 땅이 그대들의 면전에서 둘둘 말리면서 사라질 것이다. 그러나 '살아 있는 분'으로 말미암아 살아 있는 사람은 누구든지 죽음을 보지 않을 것이다."라고 하셨다.

"'자신'을 발견한 사람들에게 '세상'은 합당하지 않다."라고 예수님께서 말씀하시지 않았던가?[208]

208 '살아 있는 분'은 '여자에게서 태어나지 않은 사람'(15절)이니, 만물의 뿌리가 되는 '순수한 나'(I AM, 성령)이다. 이 자리는 불멸의 자리이니 이 '성령'에 의해 살아 있는 사람, '영적인 몸'을 얻은 사람은 결코 죽지 않는다. 천지가 모두 사라지더라도 하나님과 '하나'로 합일되어, 온전한 '영·혼·육'을 지닌 자는 영원히 사라지지 않는다.

"상고 시대에 '진인'이 있었다. 그는 하늘과 땅을 끌어당겼으며, '음양'을 장악하였고, '정기精氣'를 호흡하며, 홀로 서서 '정신'을 지켰고, 피부와 살이 한결같았다. 그래서 능히 수명이 하늘·땅과 같아서 결코 죽는 법이 없었다. 이것은 그가 '진리'(道)와 하나가 되어 살기 때문이다." (上古有眞人者 提挈天地 把握陰陽 呼吸精氣 獨立守神 肌肉若一 故能壽敝天地 无有終時 此其道生, 『황제내경』)

112절

혼에도 육체에도
의지하지 말라

예수님께서 말씀하시길 "화가 있을 것이다! 혼에 의존한 육체여, 화가 있을 것이다! 육체에 의존하는 혼이여!"라고 하셨다.[209]

---

[209] '육체'에 의존하는 '혼'은 육체가 자신의 전부라고 아는 '혈육의 자녀의 혼'(겉사람·옛사람)이다. 또한 이러한 무지와 아집의 혼에 의존하는 '물질의 육체'는 무상하기 그지없다. 무상한 육체와 그러한 무상함에 의존하는 혼 모두 무상하고 비참할 뿐이며, 장차 '죽음'이 찾아올 때 혼비백산할 뿐이다. '성령'의 각성을 통해, '거룩한 혼'(속사람·새사람) '부활한 육'(부활체)으로 거듭나야 한다. 오직 '성령'(영원한 나의 현존, I AM)에 의존할 때 혼도 육도 온전해질 수 있다.

113절

아버지의 왕국은 지상에 널리 펼쳐져 있다[210]

그분의 제자들이 그분에게 말하기를 "언제 '그 왕국'이 오겠습니까?"라고 하였다.

"그 '왕국'에 대해 지켜본다고 해서 왕국이 올 수 있는 것이 아니다. 또한 '보라, 여기 있다!' 또는 '보라, 저기 있다!'라고 말해질 수 있는 것이 아니다. 차라리 '아버지의 왕국'은 지상에 널리 펼쳐져 있다. 그러나 사람들은 그것을 보지 못한다."라고 하셨다.[211]

---

210 "한번은 예수님께서 바리새인들에게 '하나님의 왕국'이 언제 오느냐는 질문을 받으셨다. 그들에게 대답하시길 '하나님의 왕국은 눈에 보이는 것들로 오지 않는다. 또한 '보라, 여기에 있다!' 거나 '저기에 있다!' 하고 말할 수도 없을 것이다. 사실 '하나님의 왕국'은 그대들 가운데 있다.'라고 하셨다. (누가복음 17:20~21)

211 여기서 말하는 '하나님의 법'이 구현된 '하나님의 왕국'은 눈으로 볼 수 있는 성질이 아니다. '시공을 초월한 하나의 자리'이다. '영원한 나의 현존'(I AM)이야말로 우리 모두의 영원한 안식처이자 하나님의 왕국이다.

114절

마리아를 살아 있는 영이 되게 하겠다

시몬 베드로가 그들에게 말하길 "마리아로 하여금 우리로부터 떠나게 해야 한다. 여자는 '생명'(영생)을 받기에 합당하지 않기 때문이다."라고 하였다.

예수님께서 말씀하시길 "보라! 내가 그녀를 가르쳐 스스로를 '남자'로 만들 수 있도록 하겠다. 그리하여 그녀도 그대 남자들을 닮은 '살아 있는 영'(완전한 인간의 영)이 될 수 있도록 하겠다. 그녀 자신을 남자로 만들 수 있는 모든 여자들이 '하늘의 왕국'에 들어갈 수 있게 하기 위해서이다."라고 하셨다.[212]

212 마리아가 '여성성'(▽)만 가지고 있으면 남녀를 하나로 합한 '하나' 즉 '완전한 인간'(✡)이 되어 '영생'을 얻고 '하나님의 왕국'에 들어갈 수 없다. 마찬가지로 그대 남성들도 '남성성'(△)만 가지고는 거듭날 수 없다. 내가 마리아로 하여금 스스로 그대들을 닮은 '남성'이 될 수 있게 하겠다. 그러면 마리아는 여성성과 남성성을 모두 구비하되, 남성도 여성도 아닌 '온전한 인간'(✡)이 되어 '살아 있는 영(온전한 인간의 영)이 될 수 있다. 그대 남성들도 자신의 내면에 마리아와 같은 '여성성'(▽)을 만들어, 그 둘을 하나로 합할 수 있어야 '완전한 인간'이 될 것이다.

마리아복음

마리아복음

(필사본의 1페이지부터 6페이지까지는 분실되었다. 남아 있는 문서는 7페이지부터 시작한다.)

물질이란 무엇인가

… '물질'이란 소멸되는 것입니까? 영원한 것입니까?

22. 구세주이신 예수님께서 말씀하셨다. "자연계의 모든 것, 형상 지워진 모든 것, 창조된 모든 것들은 서로 더불어 존재하고 있다.[1] 그들은 '자신의 근원'(영원히 현존하는 나, I AM) 속으로 녹아들어 가게 될 것이다.[2]

---

1 "이것이 있으면 저것이 있고 이것이 생기면 저것이 생긴다. 이것이 없으면 저것도 없고 이것이 소멸하면 저것도 소멸한다." (『잡아함경雜阿含經』)
2 "텅 빔의 극치에 이르고 고요함을 빈틈없이 지켜라. 만물이 함께 일어날 때 나는 그 돌아가는 곳을 관조한다. 만물이 무성하게 일어나나 각각 그 '뿌리'로 돌아간다. 뿌

23. 왜냐하면, 물질의 본성은 '자신의 근원'으로만 녹아들어 가고자 하기 때문이다.
24. 들을 수 있는 귀 가진 자들은 들어라!"

죄란 무엇인가

25. 베드로가 예수님께 말씀드리기를 "선생님께서는 우리들에게 모든 것에 대해 설명해 주셨습니다. 그러니 우리에게 말해 주십시오. 세상의 '죄'란 도대체 무엇입니까?"라고 하였다.
26. 예수님께서 말씀하셨다. "이 세상에 '죄'라는 것은 본래 없다. 타락한 본성에 따라 '죄'라고 불리는 행동을 할 때, 그대들이 죄를 만드는 것뿐이다.[3]

리로 돌아감을 '고요함'이라고 하며 이것을 일러 '본래의 생명을 회복함'이라고 한다. 본래의 생명을 회복하는 것을 '영원불변함'이라고 한다. 이 늘 그러한 자리를 아는 것을 '밝음'이라고 한다." (致虛極 守靜篤 萬物竝作 吾以觀復 夫物蕓蕓 各歸其根 歸根曰靜 是謂復命 復命曰常 知常曰明, 『노자』)

[3] '죄'란 고정적 실체가 아니다. 우리가 우리의 본성대로 살지 못할 때, '죄'가 생겨나는 것일 뿐이다. 선한 본성을 가리는 '무지'와 '아집'이 죄를 만들어 내는 핵심이다. 따로 죄를 짓게 유도하는 '사탄'이 별개의 실체로 존재하는 것이 아니다. 유교에서도 '죄'란 '선한 양심의 본성'을 치우치게 드러낸 것일 뿐이다. 본성을 치우치지 않게 조화롭게 드러내어 '중도'에 맞을 때 '선'이라고 한다.

27. 그런 이유로 '모든 본성'(하나님의 형상)의 최고 정수인 '선善'(선의 이데아)이, 그대들이 본래 모습을 회복하도록 그대들 안으로 온 것이다."

병이란 무엇인가

28. 예수님께서는 계속 말씀하셨다.
"또한 그러한 이유 때문에 그대들이 병들고 죽게 된 것이다. 왜냐하면 그대들의 행동은 그대들을 치유할 수 있는 '본성'(하나님의 형상)으로부터 멀리 떼어 놓고 있기 때문이다.
29. 알아들을 수 있는 마음을 가진 자들은 알아들어라!
30. '물질'이란 우리에게 '균형을 잃은 열정'을 줄 것이다. 그러나 그 열정은 우리를 본성에 위배되도록 이끌 것이다. 우리의 온 몸뚱이에서 온갖 혼란이 일어날 것이다.
31. 그것이 내가 그대들에게 말하는 이유이다. (그대들의 '선한 본성'과) 다시 화합하라! 균형을 잃게 되었을 때, '본성의 참된 형상들'(진리의 이데아들) 속에서 다시 힘을 얻어라!
32. 들을 수 있는 귀를 가진 자여 들어라!"

마지막 인사

33. 은총을 내려주시는 성스러운 분께서 이렇게 말씀하실 때, 그분께서 모두에게 인사하시면서 말씀하셨다. "평화가 그대들과 함께 하기를. 나의 평화가 그대들 속에 깃들기를!"
34. "그대들을 잘못된 길로 이끌고자, '보라, (사람의 아들이) 여기에 있다, 저기에 있다!' 이렇게 말하는 그 어떤 사람도 조심하라. 왜냐하면 '사람의 아들'(인자人子, 그리스도, 남녀를 초월한 완전한 사람, 완전한 사람의 형상, 완전한 사람의 이데아, 하나님의 형상)은 그대들 안에 있기 때문이다.
35. 그(성령에 갖추어진 완전한 사람의 형상)를 따르라(칭의稱義·성화聖化·영화榮華)!
36. 그를 찾고자 하는 사람을 그를 찾을 수 있을 것이다.
37. 그리고 나아가라! '하늘나라의 복음'을 전하라!
38. 내가 그대들에게 정해준 것(서로 사랑하라는 성령의 율법, 황금률) 외에는 그 어떤 규율도 만들지 말라! 입법자들이 하는 것처럼, 다른 율법을 덧붙이지 말라. 그것에 의해 지배당하게 될 것이다.[4]"
39. 이렇게 말씀하시고 예수님께서는 떠나셨다.

---

[4] "새 언약은 '문자'(율법)로 기록하지 않고 오직 '영'(성령)으로 기록하였으니, 문자는 죽이는 것이요 영은 살리는 것입니다." (고린도후서 3:6)

제자들의 슬픔

1. 제자들이 슬픔에 잠겨 크게 울며 말하기를 "우리가 어떻게 불신자들에게로 가서 인자의 '하늘나라의 복음'을 전할 수 있겠는가? 만일 그 불신자들이 그분의 가르침을 함께 나누려 하지 않는다면, 우리가 어떻게 그들과 함께 복음을 나눌 수 있겠는가?"
2. 그러자 마리아가 일어나 그들 모두를 축복하며 그녀의 형제들에게 말하였다. "울지 마세요. 슬퍼하거나 회의에 빠지지도 마세요. 예수님의 은총이 온전히 당신들과 함께 할 것이며, 당신들을 보호해 주실 것입니다.
3. 그보다는 우리 모두 그분의 위대함을 찬양합시다. 왜냐하면 그 분께서는 우리들을 준비시키셨고, 우리들을 '사람'(☆, 남녀를 초월한 완전한 사람, 성령으로 거듭난 사람. 새사람)으로 만드셨기 때문입니다."
4. 마리아가 이렇게 말하자 그들은 마음을 선한 쪽으로 돌렸고(선한 본성의 회복), 그들은 예수님의 말씀을 되새기기 시작하였다.

마리아가 전하는 이야기

5. 베드로가 마리아에게 말하였다. "자매여, 우리는 예수님께서 그 어떤 여인들보다도 당신을 더 사랑했다는 것을 알고 있습니다.

6. 그러니 당신이 알고 기억하는 예수님의 말씀들 중에, 우리가 모르거나 듣지 못했던 말씀이 있다면 말해 주세요."

7. 마리아가 대답하여 말하였다. "나는 그동안 그대들에게 숨겨 왔던 것을 분명히 말하겠습니다."

8. 그리고 그들에게 말하기 시작했다. "나는 주님을 환영 속에서 보았고, 그분께 '주님 저는 오늘 환영 속에서 당신을 봤습니다.'라고 말했습니다. 그러자 그분께서는 나에게 이렇게 말씀하셨습니다."

9. "내 모습을 보고 흔들리지 않은 그대에게 축복 있을 것이다. 왜냐하면 '누스nous'(영의 빛·작용, 영적 직관)가 있는 곳에 보물이 있기 때문이니라.[5]"

10. 나는 그분께 말했습니다. "주님, 환영을 통해서 당신을 보는 사람은, '혼魂'(프시케psyche)을 통해서 보는 것입니까? 아니면 '영靈'(프뉴마pneuma)을 통해서 봅니까?"

11. 예수님께서 대답해 말씀하셨습니다. "'혼'을 통해서도, '영'을 통해서도 아니다. 그 둘 사이에 존재하는 '누스'를 통해서 환영이 보이나니, 그것은 …."

(11페이지부터 14페이지까지의 필사본은 분실되었다.)

---

[5] '혼'의 세계에 비친 '영의 빛'인 '정신'의 인도가 있어야만, 우리의 혼은 '완전한 사람의 형상'(하나님의 형상)을 직관하고 자신의 근원인 '영'에 복귀할 수 있기 때문이다.

| 영혼육과 누스 |

2번째 권세자 욕망

(구세주 예수님께서 마리아에게 해 준 이야기)

…

10. 그리고 '욕망'(2번째 권세자)이 말하기를, "나는 네가 타락하는 것은 보지 못했지만, 이제 네가 날아 올라가는 것은 보는구나. 그렇다면 도대체 왜 너는 내게 속해 있는 동안 거짓말을 했는가?[6]"

11. 그러자 '혼魂'이 대답했다. "넌 나를 보지도 못했고, 나를 인식하지 못하고 있었지만, 나는 너를 보았다. 내가 너를 옷처럼 입고 있었는데, 너는 나를 알지 못했구나.[7]"

12. 이렇게 말하고 나서 '혼'은 기뻐하며 떠나갔다.

3번째 권세자 무지

13. 다시 '혼'은 '무지無知'라고 불리는 '3번째 힘' 쪽으로 나아갔다. (여기서의 '무지'는 의식적 차원에서의 무지이다.)
14. 3번째 권세자(무지)가 '혼'에게 물었다. "너는 지금 어디로 가고 있는가? 너는 사악함에 묶여 있구나. 너는 참으로 분별력을 잃어서 판단할 수 없구나."
15. 그리고 '혼'이 말했다. "나는 너를 판단하지 않았는데, 너는 왜 나를 판단하는가?[8]"
16. "나(에고, 생각체)는 묶여 있었지만, 그럼에도 불구하고 나(누스)는 묶여 있지 않았다."
17. "비록 나는 깨닫지 못하고 있었지만, 나(누스)는 하늘과 땅에 있는

---

6 2번째 권세자인 '욕망'은 '감정체'에 의한 것이다. 우리는 태어나면서부터 이 감정체를 지니고 있다. 그래서 어떻게 욕망이 생겨났는지에 대해서는 잘 알지 못한다. 그러나 우리의 혼(생각체)은 '누스'(영의 빛)의 인도 하에 생각체를 벗어 버릴 수 있다.

7 여기서 말하는 '혼'은 '생각·사고'를 담당한 '생각체'로서, '감정'을 담당한 '감정체'를 벗은 뒤에도 존재한다. 여기서는 안에서는 밖을 볼 수 있으나, 밖에서는 안을 볼 수 없다는 것을 설명하고 있다.

8 여기서 '혼'은 '생각체'로 그릇된 판단을 멈출 때 정화된다.

모든 것들이 해체되어 근본으로 돌아갈 것임을 알고 있다."

4번째 권세자의 7가지 형상들

18. '혼'이 3번째 권세자를 극복하고 위를 향해 나아가자, 4번째 권세자가 나타난다. 그 권세자는 '7가지 형상'을 지니고 있었다.

19. 그 1번째 형상은 '어둠'이요,

    2번째 형상은 '욕망'(무의식적 욕망)이며,

    3번째 형상은 '무지'(무의식적 무지)이며,

    4번째 형상은 '죽음에 대한 두려움'이며,

    5번째 형상은 '육신에 대한 집착'이고,

    6번째 형상은 '육신에 대한 그릇된 지혜'이며,

    7번째 형상은 '사악한 지혜'이다.

    이것들은 분노한 7가지 권세자의 형상들이다.[9]

20. 분노한 7가지 권세자의 형상들이 '혼'에게 "사람을 죽이는 자여,

---

9 이 '7가지 형상'은 우리의 '영'을 가리고 있는, 무의식에 존재하는 형상들을 말한다. 이들은 '하나님의 영광'을 가리는 '어둠의 베일'이다. 예수님께서 막달라 마리아에게서 쫓아내셨다는 '7가지 귀신'과 연관성을 생각해 볼 수 있다.
"예수님께서 안식일 후 첫날 이른 아침에 다시 살아나신 뒤에, 전에 '7가지 귀신'을 쫓아내어 주셨던 막달라 마리아에게 먼저 나타나셨다." (마가복음 16:9)

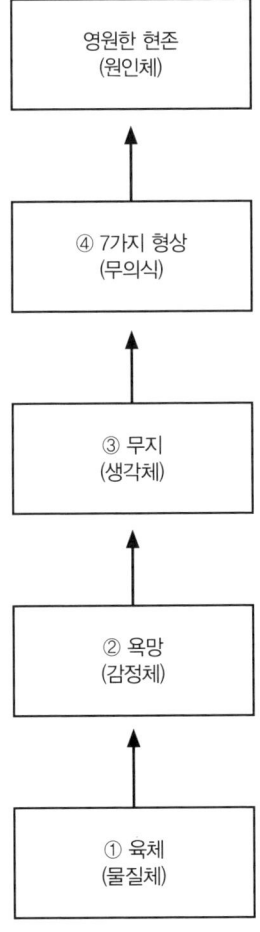

| 4가지 권세의 극복과 영원한 현존 |

너는 어디서 왔느냐? 우주를 초월하는 자여, 너는 어디로 가느냐?"라고 물었다.

21. '혼'이 대답했다. "나를 묶고 있던 것(육체)은 소멸되었고, 나를 흔들어 놓았던 것(물질)도 극복되었다.[10]
22. 이제 '욕망'은 끝장났으며, '무지'는 죽어 버렸다.[11]
23. 이 (시간·공간을 초월한) '영원' 속에서, 나는 한 '형상'에서 다른 '형상'으로 끝없이 변해 가는 이 '세상'으로부터 자유를 얻었으며, 일시적인 '망각(자신의 근원의 망각)의 족쇄'로부터도 자유를 얻었다.
24. 지금 이 순간부터, 나는 '시간의 흐름'을 멈추어, '침묵' 속에 존재하고 있는 '영원'에 도달하리라('영'으로의 복귀)."

안드레아와 베드로의 공격

1. 구세주께서 가르치신 핵심이 바로 '침묵'이기에, 마리아는 말을 마치고 침묵에 빠져들었다.
2. 그러나 안드레아는 교인들에게 말하였다. "그녀가 말한 것에 대해

---

10 1번째 권세자는 '물질적 육체'가 속한 '물질'일 것이다.
11 '침묵'을 통한 '일시적 죽음'을 말한다. '성령의 빛'의 인도로 무의식과 의식의 생각체·감정체·물질체를 모두 정화할 때, 그리스도의 '완덕完德'(칭의·성화·영화의 극치)의 경지에 도달한다.

당신들은 어떻게 생각하십니까? 말해 보세요. 어쨌든 저는 구세주께서 이렇게 말씀하셨다는 것을 믿을 수 없습니다. 왜냐하면 확실히 이러한 가르침들은 너무도 낯선 내용들이기 때문입니다."

3. 베드로도 이에 관련하여 말하였다.
4. 베드로는 그들에게 질문했다. "그분께서 정말로 우리도 모르는 비밀을 '여자'에게 비밀리에 말씀하셨을까요? 우리가 그녀를 돌아보고, 그녀의 말에 귀 기울여야 할까요? 그분께서 우리보다 그녀를 선택하셨을까요?"
5. 그러자 마리아가 눈물을 흘리면서 베드로에게 말했다. "나의 형제 베드로여, 당신은 무슨 생각을 하시나요? 당신은 이것들을 제가 혼자서 지어낸 것이라고 보시나요? 아니면 제가 구세주에 대해 거짓말을 하고 있다고 생각하시나요?"

완전한 사람을 입고 복음을 전파하자

6. 그때 레위가 베드로에게 말했다. "베드로, 당신은 항상 불같은 성격을 가졌었습니다.
7. 당신이 그녀에게 윽박지르는 것을 보니, 마치 우리의 반대자들 같군요.
8. 그러나 만약 구세주께서 그녀를 귀하게 여기셨다면, 당신이 그녀를

진정으로 거부할 수 있을까요? 확실히 구세주께서는 그녀를 잘 알고 계셨습니다.

9. 그것이 그분께서 그녀를 우리보다 훨씬 더 사랑하신 이유입니다. 우리 모두 속죄하고, '완전한 사람'(✿)을 입고, 그분께서 명하신 대로 복음을 전파합시다. 그분께서 말씀하신 이상의 규율과 율법을 만들지 맙시다!"

10. 그리고 레위가 말을 마치자, 그들은 복음을 선포하고 전파하기 위해 나섰다.

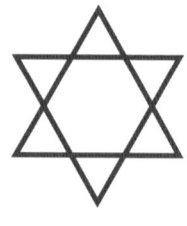

| 완전한 사람 |

부록

성도의 길

성부 하나님의 진리는
황금률이라는 양심법이며,
이 진리가 펼쳐진 곳이
하나님의 나라이며,

이 땅에서 진리를 따라
지상에 천국을 여신 이가
성자 예수님이시며,

성령의 인도에 따라
하나님의 법대로 살면서 천국을 넓히는 이가
성도인 하나님의 자녀입니다.

성부 하나님의 형상을 닮아 가는 것은,
성자 예수님을 닮아 가는 것이며,
그 핵심은 성령 안에서 황금률을 실천하는 것입니다.

이것이 성도들이 지상에서
성령으로 성부·성자와 연합하여
하나님 나라를 이루는 비결입니다.

하나님께 바치는 기도

나와 이 우주의 근원이신
영원히 현존하시는 하나님이시여!
그 은혜 감사합니다.

저에게 선악을 판단하는 '지혜'와
남을 나처럼 배려하는 '사랑'과
선을 실현하는 '능력'을 주시어,

늘 '하나님의 뜻'인
'양심의 인도'를 따르게 하시고
널리 인류를 이롭게 하소서.

현존에 감사하는 기도

영원한 현존이신 하나님이시여,

지금 여기서 이러한
생각·감정·오감을 경험하게 해 주신 것
진심으로 감사드립니다.

이 모든 것이 '하나님의 신비'임을
'하나님의 현존' 안에서 믿습니다.

크리스천 실천지침 14조

○ 자아의 4가지 진리

1. 과거에 집착하지 말라!

2. 미래를 걱정하지 말라!

3. 에고를 내세우지 말라!

4. 하나님의 현존에 만족하라!

○ 존재의 4가지 진리

5. 존재하는 모든 것은 하나님의 신비임을 알라!

6. 하나님의 현존에 모든 것을 맡기며 살아가라!

7. 하나님의 말씀에 따라 남을 나처럼 사랑하라!

8. 모두를 구원하는 양심적 삶을 살라!

○ **양심의 6가지 진리**

9. 내가 받고 싶은 것을 남에게 베풀어라! (사랑)

10. 내가 당하기 싫은 것을 남에게 가하지 말라! (정의)

11. 진실을 수용하고 매사에 겸손해라! (겸손)

12. 양심의 구현에 최선을 다하라! (성실)

13. 늘 하나님의 현존 안에서 깨어있어라! (몰입)

14. 자명한 것만 옳다고 인가하라! (지혜)

기독교의 3가지 공부법

그림·허재원

유튜브(YouTube):기독교 공부의 단계

무지의 기도*

① 과거는 이미 사라져 존재하지 않고,
　미래는 아직 존재하지 않으며,
　'지금 이 순간'만 존재한다는 것을 명심하고,
　마음이 과거나 미래를 향하지 않도록
　오직 지금 이 순간 자신의 '존재감'(I AM)에만 몰입한다.

② '시간'을 잊어버린다.
　"지금 몇 시인지 모르겠다!"라고 선언하고,
　진실로 모르는 일이라고 실감 나게 상상한다.

---

* '무지의 기도'는 예수님께서 말씀하신 영이신 하나님께 바치는 '영과 진리로 드리는 기도' 즉 '영의 기도'이다.

③ '장소'를 잊어버린다.
  "여기가 어디인지 모르겠다!"라고 선언하고,
  진실로 모르는 일이라고 실감 나게 상상한다.

④ '자신'을 잊어버린다.
  "내 이름은 무엇인가?"를 마음속으로 묻고
  "모른다!"라고 답하여, 진실로 모르는 일이라고
  실감 나게 상상한다.

⑤ 잡념이 일어나고 사라짐을 신경 쓰지 않고
  오직 '모르는 마음'을 유지하는 것에 신경을 쓴다.
  잡념을 없애려 하지 말라.
  잡념에 관심을 주지 않는 것으로 충분하다.
  의식의 초점은 분명하되
  잡념을 느끼지 못하게 되어 마음이 고요해지고 선명해지면,
  비록 잠깐일지라도 '성령의 현존'(I AM)과 하나가 된 것이다.

무지의 기도의 핵심

에고는 차가운 쇠공이요
성령은 뜨거운 불입니다.
그래서 에고는 성령을 만날 때만
뜨겁게 타오릅니다.
성령과 잠깐이라도 떨어지면
에고는 곧장 식어 버리게 됩니다.

에고를 탓하지 마세요.
성인들의 에고도
우리의 에고처럼 차가운 쇠공입니다.
다만 그들은 쇠공을 식게
내버려 두지 않습니다.

그들은 늘 깨어서 성령과 함께하기에
그들의 에고는 늘 뜨겁게 타오르고 있습니다.

모든 선의 근원은 성령(불)이나
선도 악도 에고(쇠공)를 통해서만 표현됩니다.
식어 버린 에고는 모든 악의 도구가 될 뿐이며
타오르는 에고는 모든 선의 도구가 됩니다.

핵심은 에고가 지금 이 순간 식어 있느냐
타오르고 있느냐에 있을 뿐입니다.
에고가 죄를 짓게 하지 마십시오.
에고가 차갑게 식어 가도록 방치하지 마십시오.

늘 성령을 돌아보십시오.
늘 성령과 함께하십시오.
늘 불처럼 타오르십시오.
뜨겁게 달궈진 쇠공이 그대로 타오르는 불이듯
뜨거워진 에고는 성령과 둘이 아니게 됩니다.

"모른다!"는 에고를 곧장 타오르게 합니다.
 지금 이 순간 에고가 하던 일을 멈추고

곧장 성령과 하나가 되게 합니다.

"모른다!"야말로
중심 자리인 성령으로 향하게 하는
궁극의 기도입니다!
오직 모를 뿐입니다.

불길이 조금이라도 약해지면
에고의 이기심이 다시 드러나게 됩니다.
지금 자신을 돌아봤을 때
두렵고 불안하고 답답하다면
불이 식어서 그런 것입니다.

에고와 다투지 마시고
곧장 성령의 불길로 에고를 달구세요.
이것이 에고를 다루는 비결입니다.
차가운 쇠공 상태에서는 답이 나오지 않습니다.

예수님께 배우는
양심의 6가지 덕목

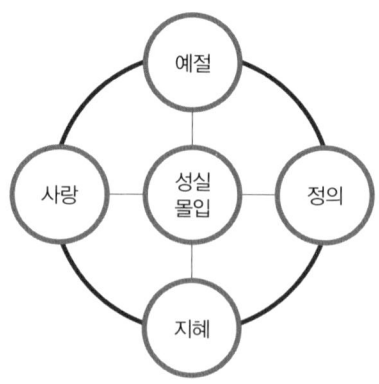

양심의 구현

"나의 양식은 나를 보내신 분의 뜻을 실천하는 것이며, 그분의 일을 완성하는 것이다." (요한 4:34)

1. 사랑

"남이 해 주기를 원하는 대로 그대들도 남에게 해 주어라!" (마태 7:12)

"내가 한 가지 계율만 주겠다. 오직 서로 사랑하라!" (요한 15:12)

"그대들이 자선을 베풀 때에는 오른손이 하는 일을 왼손이 모르게 하라!" (마태 6:3)

"그대의 이웃을 그대 자신처럼 사랑하라!" (마가 12:31)

2. 정의

"두 손 가지고 지옥에 가는 것보다 불구로 천국에 가는 게 낫다!" (마가 9:43)

"모든 것이 이루어질 때까지 율법에서 한 자 한 획도 없어지지 않을 것이다!" (마태 5:18)

"좋은 나무가 나쁜 열매를 맺을 수 없고, 나쁜 나무가 좋은 열매를 맺을 수 없다!" (마태 7:18)

"도끼가 이미 나무의 뿌리에 닿았으니, 좋은 열매를 맺지 않는 나무는 다 찍혀서 불 속에 던져질 것이다." (누가 3:9)

3. 예절

"그대들은 인내로 생명을 얻어라!" (누가 21:19)

"나의 마음은 온유하고 겸손하다." (마태 11:29)

4. 지혜

"진리가 그대들을 자유롭게 하리라!" (요한 8:32)

5. 성실

"작은 일에 성실하면 큰일에도 성실하다!" (누가 16:10)

6. 몰입

"늘 깨어있어라!" (마가 13:37)

"그대들은 유혹에 빠지지 않도록 깨어서 기도하라!" (마가 14:38)

•양심잠良心箴•

1. 몰입 : 마음을 리셋했는가?
2. 사랑 : 상대방의 입장을 내 입장처럼 진심으로 이해하고 배려했는가?
3. 정의 : 내가 당하기 싫은 일을 상대방에게 가하지는 않았는가?
4. 예절 : 처한 상황을 있는 그대로 진심으로 수용하고, 생각과 언행이 겸손하며 상황과 조화를 이루었는가?
5. 성실 : 양심의 인도를 따르는 데 최선의 노력을 기울였는가?
6. 지혜 : 나의 선택과 판단은 찜찜함 없이 자명한가?

유튜브(YouTube): 양심성찰 가이드

유튜브(YouTube): 황금률노트 작성법

• 양심노트 •*

년   월   일

사안 |

몰입 | 지금 이 순간 깨어있는가?
       당시에는 깨어있었는가?

사랑 | 상대방의 입장을 내 입장처럼 진심으로 이해하고 배려했는가?

정의 | 내가 당하기 싫은 일을 상대방에게 가하지는 않았는가?

예절 | 처한 상황을 있는 그대로 진심으로 수용했는가?
       생각과 언행이 겸손하며 상황과 조화를 이루었는가?

성실 | 양심의 인도를 따르는 데 최선의 노력을 기울였는가?

지혜 | 나의 선택과 판단은 찜찜함 없이 자명한가?

최종
결론 |

(예절 · 성실 · 정의 · 지혜 · 몰입 · 사랑 / 자명 자찜 찜자 찜찜)

---

* 네이버 카페 홍익학당(www.hihd.co.kr)에서는 양심노트 파일을 무료로 제공해드리고 있으며, 본 카페에 소개된 홈페이지(http://hihd.cafe24.com)에서 노트 형태로 제작한 양심노트를 구입하실 수 있습니다.

이 책이 나오는 데 적극적으로 도움을 주신 《(주)중한문산 Kim-Eunah 강대규 강문성 강미경 강미선 강미자 강민서 강병율 강석록 강소영 강수봉 강수안 강승희 강옥순 강유미 강윤아 강은순 강종덕 강지민 강진숙 강태호 강혜숙 고갑남 고문정 고성학 고영숙 고장환 고춘임 고혜정 공국진 공종진 공희선 구본석 구웅 권명숙 권선아 권세정 권정진 권정임 권효진 길영훈 김강현 김경미 김권섭 김규리 김근환 김기형 김남훈 김대련 김대숙 김대진 김대희 김도연 김동욱 김동진 김만성 김만일 김명옥 김묘진 김미경 김미란 김미숙 김미영 김미정 김민관 김민성 김민아 김민희 김병석 김병철 김봉기 김상욱 김선숙 김선옥 김선우 김선화 김성덕 김성훈 김성희 김세규 김세영 김세완 김순자 김승모 김승진 김승현 김연수 김연숙 김연회 김영 김영동 김영례 김영미 김영민 김영숙 김영순 김영우 김영익 김영준 김영진 김영필 김영하 김예준 김옥녀 김완중 김용하 김운정 김원구 김원배 김유주 김유진 김윤순 김윤철 김은기 김은나 김은숙 김은정 김은희 김의순 김이태 김인기 김재정 김재혁 김정련 김정숙 김정원 김정은 김정인 김제성 김종배 김종태 김종필 김종훈 김종희 김중국 김진운 김진희 김창중 김청일 김태순 김태연 김태영 김태일 김태훈 김태희 김학수 김학원 김학천 김한수 김헤레나 김현미 김현준 김현태 김형선 김홍식 김홍현 김화중 김회영 김효정 김효중 김희정 김희택 나상미 나성수 나현경 남궁혜륜 남기준 남미하 남상균 남성훈 남순우 남승권 남옥순 남원배 노경춘 노영희 등혜스님 류기원 류석한 류시권 류재엽 류진 만석중 맹설희 목민정 문경미 문경혜 문미영 문범국 문선혜 문영화 문인호 문정화 문혜경 문희숙 민세홍 민영란 민영후 민진암 박건호 박경란 박경미 박경애 박기호 박달환 박동원 박동진 박미경 박미자 박미정 박미향 박병윤 박봉수 박비송 박석민 박선후 박성칠 박성홍 박성희 박세종 박연수 박영제

박영찬 박원철 박응제 박재만 박재복 박정란 박정안 박정하 박정화 박종선 박종필
박지숙 박지연 박진 박진구 박진실 박태종 박판 박하영 박헌우 박형근 박홍석
방인숙 방한일 방형국 배기수 배민열 배병규 배성진 배승훈 배은실 배종욱 백경만
백무열 백부선 백승경 백종심 범명선 변기현 변문석 변상범 변융태 변진주 사공혜숙
사미화 서근수 서도원 서만길 서명순 서민정 서복안 서선정 서영원 서정우 서진
석미숙 석수공 석점이 석정은 선견 설보라 성시용 성정애 성정은 성화 소정숙
손일선 손증락 손지원 손현수 손형도 손희정 송기균 송남규 송명희 송묵심 송민준
송봉수 송승아 송연정 송연희 송율성 송준엽 송진윤 송창익 승주 신경숙 신동빈
신동욱 신동훈 신만승 신봉환 신은주 신인상 신태하 신현영 신효숙 심광현 심교
심연희 심영호 안범희 안순옥 안영민 안영설 양경자 양기현 양문규 양성연 양순애
양재훈 양정인 양정훈 양진운 양희희 양희임 엄성숙 엄태식 엄태홍 여상혁 여승구
염상훈 염수라 염찬우 염호준 영지 오경희 오근수 오남기 오민행 오범석 오사장
오영숙 오영주 오정석 오채민 오태균 오한순 오해원 왕정숙 우승화 우지우 원부희
원일 유경미 유근춘 유남인 유미선 유미화 유선호 유소정 유재훈 유지숙 유진호
유현승 윤경애 윤경훈 윤동근 윤모로 윤문오 윤상숙 윤선옥 윤성희 윤순현 윤우상
윤정순 윤종욱 윤태수 은정 은주 이강만 이건영 이건우 이경선 이경하 이계백
이계영 이광일 이규배 이기원 이나름 이동민 이동욱 이동훈 이득영 이명분 이명순
이문자 이미령 이미숙 이미화 이병준 이부영 이상무 이상민 이상봉 이상수 이상표
이상한 이상호 이상환 이상훈 이상희 이선아 이선화 이성열 이성준 이성화 이세영
이세훈 이수빈 이수안 이수연 이순옥 이순이 이승배 이승진 이승훈 이신아 이신화
이연옥 이연웅 이영숙 이영화 이영희 이옥희 이용주 이용희 이웅근 이원준 이유미
이유정 이윤희 이은국 이은성 이은실 이은현 이은호 이인용 이인호 이재복 이재열

이재웅 이재익 이재인 이재하 이정분 이정웅 이정호 이정화 이정희 이존희 이종원 이주열 이주영 이지현 이진 이진태 이진희 이창기 이창선 이창준 이창헌 이철순 이춘남 이태진 이학선 이현경 이현숙 이현욱 이혜영 이혜원 이혜인 이혜진 이호국 이홍기 이화정 이후락 이희행 임건희 임규식 임란숙 임성철 임수영 임수홍 임은수 임정옥 임정주 임하진 임한경 임한근 임형철 임혜련 장가은 장길진 장대영 장본규 장상일 장서은 장소영 장영숙 장용희 장운오 장윤석 장윤희 장은녕 장중순 장현준 전대성 전명숙 전연숙 전영순 전영예 전영환 전윤경 전재숙 전정옥 전지완 정경원 정금인 정기모 정기백 정난영 정다은 정병구 정병준 정봉경 정섭 정연성 정연헌 정영일 정영철 정우준 정윤성 정이선 정인숙 정재모 정종배 정지나 정지현 정창균 정철우 정하영 정한순 정향금 정현숙 정현우 정혜진 정회훈 정효문 정희성 조경현 조대호 조미교 조선주 조성미 조성주 조성화 조송희 조숙연 조신영 조영아 조영호 조윤숙 조은정 조인구 조창환 조현숙 조현주 조혜선 조홍태 주계원 진성일 진영재 차경화 차연옥 차영동 채창원 천상하 천유정 최갑희 최강희 최경호 최규영 최규준 최금정 최낙천 최미자 최상욱 최상희 최숙자 최연홍 최영주 최영철 최재봉 최재훈 최정식 최정우 최제인 최창희 최치영 최현숙 최현우 최형규 최형숙 최홍 추병석 태지연 표정희 하미하 하봉남 하봉학 하승용 하인종 하정미 하주연 하창민 한가득 한경숙 한광호 한근우 한덕실 한민화 한복환 한상문 한성수 한승원 한양덕 한정옥 한지영 한혜선 허달 허재원 허지영 허현희 현득창 홍경호 홍다린 홍동완 홍성일 홍성태 홍세령 홍순선 홍화성 황경수 황대연 황도석 황석현 황영철 황의중 황의홍 황인천 황재훈 황정운 황지훈 황철원 황혜정 황호진〉님과, 그 밖에도 익명으로 도움을 주신 많은 분들께 진심으로 감사드립니다.

윤홍식

홍익학당 대표이며, 제19대 대통령선거에서 홍익당 후보로 출마하였다. 동서양 인문학의 핵심을 참신하면서도 알기 쉽게 유튜브를 통해 전 세계에 알리고 있는 인기 있는 젊은 철학자이자 양심경영 전문가이다. 홍익학당 유튜브 채널의 구독자 수는 13만 5천 명을 돌파했으며, 5,200여 개의 인문학 강의 조회 수는 8,600만에 달한다. 팟캐스트에서 『산상수훈』 강의는 20만 조회 수를 기록하기도 했다. 연세대학교 사학과 및 동 대학원 철학과를 졸업한 후 홍익학당과 출판사 봉황동래를 운영하고 있으며, 고전콘서트·양심콘서트·양심캠프 등을 열고 있다. 삼성·LG 등 일반기업과 법무부·중소기업진흥청·우정청·서울시시민대학 등 공공기관에서 고전을 통한 윤리교육과 양심리더십 교육을 맡았으며, 서울 가톨릭 사회복지회 및 가톨릭 수원교구청 전교수녀연합회 초청으로 "영성, 양심이 답이다"를 주제로 강의를 하였다. 또 KBS·EBS 등 방송 매체에서도 활발하게 활동 중이다. 다양한 강의를 통해 양심의 각성과 실천을 강조하고 있으며, 국민 전체의 인성교육을 위하여 『황금률노트』, 『양심노트』를 만들어 보급하고 있다. 저서로는 『산상수훈 인문학』, 『양심이 답이다』, 『이것이 인문학이다』, 『논어, 양심 덕후의 길』, 『5분 몰입의 기술』(2009년 문화체육부 선정 우수도서) 등이 있다.

도마복음, 예수의 숨겨진 가르침 (홍익학당 인문학 총서 07)

지은이 윤홍식
초판 발행 2021년 8월 15일
2쇄 발행 2022년 10월 15일
펴낸곳 봉황동래
펴낸이 윤홍식
출판등록 제313-2005-00038호
등록일자 2005년 3월 10일
주소 서울 마포구 마포대로 92, A동 3층(도화동, 효성해링턴 스퀘어)
전화 02-322-2522
팩스 02-322-2523
홈페이지 www.bhdl.co.kr

ISBN 978-89-94950-51-8 (03230)

값 13,000원

디자인은 엔드디자인이 꾸몄습니다.
책값은 더 좋은 책을 만드는 데 사용됩니다.